你不知道的育儿之秘系列

你知道小婴儿在想什么吗？

[德]萨宾娜·鲍恩 Sabina Pauen 著
黄畦 李昕 译

西苑出版社
· 北京 ·

绿色印刷 保护环境 爱护健康

亲爱的读者朋友:

本书已入选“北京市绿色印刷工程——优秀出版物绿色印刷示范项目”。它采用绿色印刷标准印制，在封底印有“绿色印刷产品”标志。

按照国家环境标准（HJ2503-2011）《环境标志产品技术要求 印刷 第一部分：平版印刷》，本书选用环保型纸张、油墨、胶水等原辅材料，生产过程注重节能减排，印刷产品符合人体健康要求。

选择绿色印刷图书，畅享环保健康阅读!

北京市绿色印刷工程

图书在版编目（CIP）数据

你知道小婴儿在想什么吗？/（德）萨宾娜·鲍恩著；黄畦，李昕译. -- 北京：西苑出版社，2018.3

ISBN 978-7-5151-0635-9

Ⅰ. ①你… Ⅱ. ①萨… ②黄… ③李… Ⅲ. ①学前教育－教学参考资料 Ⅳ. ① G613

中国版本图书馆 CIP 数据核字 (2017) 第 286437 号

你知道小婴儿在想什么吗?

NI ZHIDAO XIAO YING'ER ZAI XIANG SHENME MA ?

出 版 发 行：西苑出版社
通 讯 地 址：北京市朝阳区和平街 11 区 37 号楼 邮政编码：100013
电　　　话：010-88636419
印　　　刷：三河市嘉科万达彩色印刷有限公司
经　　　销：全国新华书店
开　　　本：880 毫米 ×1230 毫米 1/32
字　　　数：140 千字
印　　　张：6.25
版　　　次：2020 年 7 月第 1 版
印　　　次：2020 年 7 月第 1 次印刷
书　　　号：ISBN 978-7-5151-0635-9
定　　　价：42.80 元

（图书如有缺漏页、错页、残破等质量问题，由印刷厂负责调换）

目录

目 录

目录

1

导　言

宝宝对大多数人而言简直就是一个迷人的小东西。你逗他，照顾他，被他弄得手忙脚乱，却仍然乐此不疲。宝宝还不会说话，我们只能靠观察来猜测他的一些莫名举动，通过姿势、表情、肢体活动及呢喃声响来推断他当时的身体状况，他喜欢什么，他正在受何事困扰。幸运的是，父母的本性让我们能很好地完成育儿任务：即使父母常弄不明白自己该如何做，但宝宝现在是不是饿了，渴了，哪里痛了，或是感到无聊了，是否想玩儿了，或者要睡觉了，又或是想活动活动了，需要安抚了等，总还是能让父母发现得了的。父母这时的行为被称作***直觉的父母行为（直觉育儿）***。

困难的是，不知道怎样做才能有助于宝宝的心智发育：

- 宝宝需要多长时间安静休息？
- 多大限度的鼓励才适合他？
- 在哪个年龄阶段给他玩哪种玩具才是最适合的？
- 宝宝有必要尽可能少地面对刺激吗？
- 宝宝会错过有益于其重要发育阶段的特定信息？这种可能性存在吗？
- 对宝宝的要求何时会过高？又在何时会不够？

关于这些问题虽有探讨，近年来也有很多指导类或建议类的文章面世，但仍难以给出科学、专业的答案。因为要做到这一点，需要我们能更好地了解宝宝大脑中那些匪夷所思的奇想。宝宝虽然与我们共享同一世界，但婴儿如何利用感官感受环境，如何用大脑处理这些感受，却是与成人有着明显的区别。

我为什么要写这本书

10年前，因职业需要，我在美国康奈尔大学访问。在这里，我第一次进到一间宝宝研究实验室，并留下了深刻印象：伊丽莎白·斯佩尔克（Elisabeth Spelke）（现为哈佛大学教授）当时正研究宝宝对物理现象的想法。而我在这之前几乎从未设想过宝宝能对物理现象进行思考——更不用提去了解宝宝也许能利用自然规律具备影响事物对象的能力。

要推断出宝宝如何进行思考，科研课题设计是一个极大挑战：课题提出的任务必须简单，且不能靠口头指令去指导完成，因为无法向宝宝解释让他做什么。任务对于宝宝还必须有趣味，且时间不能持续过长，否则，这些幼小的实验参与者不会与你配合。成果检测也只能靠宝宝已经很好掌握的行为方式，例如，通过宝宝的吮吸或顾盼的动作来观察得出。其导致的结果就是，建立课题所需的标准化观察情景的客观性受到极大局限。尽管有这些限制的存在，我在康奈尔大学却仍然体验到了，在设计课题时，设计方式空间还是很大，甚至无须使用太多的技术手段。

回到德国后，我组建了一支由心理学专业学生组成的团队，带领他们设计了第一个自己的宝宝课题，并进行了实验研究。实验结果出人意料。稍后我还会对此专门报告。这是一个好的开端，受此鼓励，我向德国研究协会提交了一份课题项目申请。非常幸运的是，报告获得批准，我们得到了所需的经费支持，尽管时间只有一年。当时，由于德国还未有过这类研究，项目审核人员因而持怀疑态度，但我们仍在这种保留态度的压力下继续我们的研究工作，好在我们得到了众多家长的鼎力支持，他们带着宝宝参与到了实验中，而且不求金钱回报。实验开始之初，我们只是一支很小的研究团队，而我对这一课题的研究也越来越深入。然后，我自己怀孕了……

自己宝宝（海伦娜及4年后的汉娜柯西玛）降生的同时也让我从多个方面明白了，我们研究的问题不仅有研究者的视角，还有父母的角度。从科学研究者的视角出发，我更感兴趣的是，特定年龄组的宝宝会在哪种实验环境中做何种***典型性***的反应，什么事情是随着年龄的改变而发生***典型性***改变的；而从母亲的角度出发，我更愿意弄明白，为什么***我的宝宝***有这样或那样的行为举止，我应该如何做才能更好地促使其健康成长。了解不同宝宝之间存在很大的行为差异也是一个十分重要的经验。以我女儿为例，从降生那一刻起，她们每一个人都有自己独特的兴趣面，面对不同境遇时也有自己独有的处世风格。而且，直到今天，在很多方面都没有质的变化。

自己做母亲的经历深刻地影响了我对婴儿研究的态度：它使我认识到，正常情况下，涉及全组受试宝宝的研究结果在作为成果直接应用于具体宝宝时必须十分慎重。反过来，我的科学研究工作同样也让我的母亲角色获益匪浅：现代宝宝研究的方法和认知让我了解到，宝宝在感知所处环境时，可以从本质上以完全不同于成人的方式进行。这也激励了我对我的每个宝宝大概会以何种方式去处理他们特定的经验进行思考。

有时候我也会自问，自己是否能毫无顾忌地应用以前掌握的科学知识来应对自己宝宝的行为，又或是以一个研究者的眼光，始终把他们当作研究对象来进行分析。对于后一种选择，我会毫不犹豫地否决掉。专业知识不仅没有损害我和宝宝之间的关系，反而更好地支撑了它。

虽然在过去10年里，我获得了所有这些重要的认知，但我还是不得不承认，婴儿对于我还是谜一样的存在，而这个谜大概还会以特定的方式存在于未来的时空中（我也希望如此）。我们不得不认同的事实是，我们逝去的童年不可能再回来，我们永远也不可能再去直接体验一个仅数月大小的宝宝眼中的世界。我们能做的只是去接近那个世界，一部分、一部分地去扩展我们对它的认知，尝试以拼图的方式去完善这种认知，而不要强求每次都能完整地理解宝宝的想法。

本书是对研究婴儿思维发育约 70 年的一个中期回顾，并尝试以科学的且希望能是通俗易懂的形式对该课题的认知现状作一次总结。本书写给所有希望了解人类思维最初状态的读者，但不含能供人“按图索骥”、查对宝宝发育是否与年龄相符的“标准表”，也不在“怎样能把我的宝宝培养成天才”的意义上提供指导。本书还写给所有对科学感兴趣、对宝宝的奇思妙想好奇的读者。此外，我还想同读者分享一个让人迷恋不已的认知：我们人的思维从诞生的第一天开始就非常活跃，具体到每一个宝宝，思想成为他们建立复杂认知及不同知识结构进而影响成年后心智的前提条件。

历史变迁中的宝宝形象

战后时期的观念认为，宝宝对其所处的环境几乎无感，大部分时间都处在半睡半醒、浑浑噩噩的状态。他们被身穿无菌服的医生并不温柔地从母亲腹中取出，然后被提着，头朝下轻轻地拍几下小屁股（要是他们不愿意自己哭出来的话）。接下来，他们会被清洁身体、称重、量身长，再用专门的包布将全身紧紧地包裹起来，只露个小脑袋在外面。最后，这个被绑得紧紧的襁褓就像一个用彩条精致包装的礼物，被递送到母亲的手中供其看上几眼。产后最初几天，母亲也只能是在哺乳时间才能见到自己的宝宝。似乎没有必要再做更多的事情，因为，那时人们的认知毕竟仅停留在“新生儿最重要的活动就是睡觉和吃奶”上。

与此认知相一致的是，医生和母亲们也将主要的注意力放在确认宝宝在固定的时间喝到定量的液体（奶）上。宝宝在哺乳前后都要有规律地称重，以便接下来能在记录纸上填写相应的量值。定期推着婴儿车外出散步似乎也很重要，这样能让宝宝获得更多的氧气，能在清新的空气中获得更好的睡眠。每天基本上除了喂食，其他重要的事情几乎就只剩睡觉和讲卫生了。在很多家庭中，不能影响宝宝是基本原则，因而消毒剂同大量新煮过的棉质、纱质擦拭巾和尿布一样都成为襁褓小孩的标配。从根本上讲，宝宝被类比为一株弱小的幼苗，期待他按照既定的生物遗传方案发育长大，人们只需正确地准备好基本的物质条件。过多去关注一个仅几周大小宝宝的心智健康似乎有些小题大做，毕竟宝宝“什么也不懂”。幸运的是，在很多家庭中，出于对自己后代的喜爱，宝宝还是常常会被成人从襁褓中抱起来，与他对话，尝试面对面地交流。这样一来，即便没人从科学的角度去建议，宝宝仍然获得了他们急需的鼓励。

从那个时候起，是什么让我们今天对宝宝的兴趣和对他们能力的印象与过去完全不同的呢？1945 年，雷诺 · 史毕兹（René Spitz）发表的一项研究成果显示，尽管喂养正确，睡眠充足，衣裤干净卫生，但由于缺乏足够的语言交流，情感得不到关照，孤儿院的孤儿仍然没有很好地生长发育，有些甚至死亡。这项令人印象深刻的研究清晰地表明，宝宝的健康成长需要除食物、卫生和睡眠之外的更多东西。然而在当时，对于具体需要些什么，我们起初并不十分清楚。是需要与他人有肌肤接触吗？是要成人同他亲切地说话吗？抑或是需要其他思想方面的刺激吗？

最初，大众对史毕兹关于如何对待宝宝的文章几乎没有反应，尽管文章清晰地指明了宝宝发育过程中最小量激励与互动的必要性，但这些只是在对待孤儿和避免住院治疗方面似乎十分重要，而对那些正常生长于家庭中的宝宝教育而言，则不一定是迫切需要的。

几乎在同一时期，康拉德 · 洛伦兹（Konard Lorenz）的研究（1943）也对尽早了解宝宝发育的可能意义做了提示。作为生物学家，洛伦兹确认，鹅对出壳后首先接触它们的对象会有深刻印象。那么人呢？会不会也有这种现象？或许，母亲在分娩后能直接与她们的宝宝有亲密接触，这对建立两者间的联系很重要？

基于这样的考虑，20 世纪 70 年代开始***母婴同室***理念兴起。从那时起，在哺乳时间之外，母亲们也允许将自己的宝宝留在产妇病房，留在自己身边。对于分娩过程的自卑形象也开始有了更多的思考。有些地方使用暖色调涂抹产房墙壁，屋内挂上了窗帘，放置了座椅，还使用一些其他医院不常见的东西在房内进行装饰。对于分娩的地点也有了讨论，如居家分娩和水中分娩等。总之，所有的一切似乎都有涉及，只要它们能适宜于让母亲和宝宝有一个轻柔的分娩过程和早期的接触。

围绕让分娩的经历变得美好，尤其是“顺其自然”的分娩，不能仅归功于康拉德 · 洛伦兹一人，仅归功于他所做的观察，还有其他一项引发讨论的理论也为此做出了贡献：这是一种关于行为生物学方法的理论，大约发表于同一时期。它在德国，尤其是在七八十年代引发了关于人格发育的大讨论，这就是心理分析理论。西格蒙德 · 弗洛伊德（Sigmund Freud）曾在他的精神病患者身上观察到，众多行为障碍的病根与患者婴儿时期的经历有关。按他的观点，分娩对宝宝来说几乎总是一次创伤性的经历，这种经历能对宝宝以后的生活产生负面影响。因此，基于动态心理的原因，把这种经历给宝宝安排得尽可能地愉悦似乎是必要的。

分析家还认为，认知婴儿的性需求也具有较大的意义：吮吸母亲乳房的行为被理解为宝宝表达其***口欲***的主要形式，即吮吸除用于进食外，还有其他完全不同的功能。弗洛伊德认为，宝宝的这种行为一旦没有受到足够的惩戒，就会形成一种顽固的***口欲***习惯。它会在宝宝成年后发展成进食障碍或导致其他的行为异常。而作为始作俑者，母亲应为这类障碍的形成承担责任（现在，精神分析对此事的看法已有不同）。一般而言，弗洛伊德设想在母亲和宝宝之间存在一种范围广泛的共生现象，并认为这种现象会逐渐地消失，它将始于宝宝的***肛门期***，这时的宝宝已到 2 ~ 3 岁，开始尝试以自主排泄的方式来达到掌控自己及躯体的目的。这个年龄的宝宝还展现出参与各种气氛的欲望，而且常常强烈地将自己的意志表现出来。

然而，无论是从行为学家康拉德·洛伦兹的视角，还是从西格蒙德·弗洛伊德医生的角度来看，宝宝仍然是一个非独立的生命体。显然，他们对外界的反应一方面会受制于其内在控制的、生物学意义上的发育程序或是本能；另一方面则会受其身边人员行为的影响，直到他们开始能用语言表达愿望以及能顶住压力达到目的时为止。到这个时候，心理分析所设想的***本我***就建立起来了。

作为两种研究方向的代表，行为生物学研究和心理分析所获得的认知对现在的深入研究功不可没：两类研究都强调新生儿对其环境能有敏感反应，所获得的体验能对其后续生活产生影响。对心理的健康发展而言，其基石早在生命最初的几个小时、几天、几周和几个月就已铺就。这一认知锐化了成人观察新生儿需求的眼光，激起了大众对宝宝具体在何时、在感受什么、如何处理这类感受等问题的兴趣。

这一新态势首先推动了**依附关系**研究。分析师约翰·鲍比（John Bowlby）及其文章成为这个领域的引领者：其主要发表于 20 世纪 50 ~ 70 年代的重要文章开启了相关课题的实证研究，即宝宝是否感觉更依恋母亲、父亲或是其他人；依附关系都有哪些类型；宝宝一旦没能建立起安全的依附关系时，会对其后续发展产生何种后果。这类研究在我们掌握现有知识的过程中起到了决定性的作用，我们了解到了哪些基本的情感条件能有益于婴儿的照管。例如，我们现在知道，主要照管人员经常更换（如在养育院，宝宝就会经常遇到这类改变），父母或者其他照管人员缺乏对宝宝的情感关爱等都会造成宝宝在面对“关系”时，行为发展方面出现长期障碍。

认知相对应也同样很重要，无论是在目前讨论的母亲从事职业活动、幼儿入托、恰当对待居家宝宝等话题方面，还是在家庭判决权、宝宝收养处理以及养育院组织等问题上都是如此。这类话题以问题的形式反映出来，而问题的明智答案则可定期从一些父母杂志或育儿指南类书籍中得到：如宝宝床应该放到父母卧室吗？多抱宝宝重要吗？宝宝同父母需要有何种频度的接触？相比之下，依附关系研究在德国更受关注，也有众多有趣的成果面世。近来，因涉及了依附体验对脑发育影响的问题，相关研究又迎来了一波高潮。

感觉和思维发育也越来越受到关注，只是这种态势最初仅限国外。在 20 世纪四五十年代，法国生物及心理学家让·皮亚杰（Jean Piaget）率先开展了实验研究，以图在全面的理论框架下对宝宝思维发展进行解释。他把对自己宝宝的观察记录在自己的日记中，并以此为基础逐渐建立认知。皮亚杰发现，人与生俱来就拥有一定的认知能力，但仅局限在先天反射和感受模式方面。因此，宝宝也被解读为一个从其诞生第一刻起就主动的“现实建造者”。直到今天，皮亚杰的理论在发展心理学和教育心理学领域仍在发挥着重要作用，尽管作者在这里提及的很多具体现象曾经有过贴近其理论的描述，但如今却有了完全不同的阐释。后续研究中，皮亚杰为检查宝宝思维所设计的不同观测情景也特别鼓舞人心。这里仅以一个例子就能说明这一点。

皮亚杰用一根绳子将其女儿杰奎琳（Jacqueline）的腿与一个悬吊于小床上方的活动装置绑在一起，并以此观察杰奎琳蹬腿的变化。皮亚杰发现，不多一会儿，女儿的兴致越来越高，竟然通过自己的躯体运动将活动装置蹬得跳动起来。现在，在检查宝宝对动作的记忆时也常用这一简单任务设计。研究人员借此来分析宝宝要用多少天，才能记忆起蹬踏与活动装置跳动（mobile-tanz）之间的联系，或是宝宝在什么情况下能将一次相应的经验用到一个新的情景中去（此外，随着时间的增长，这种借用会更多）。皮亚杰通过其描述，第一次明确提出，尚处在不会说话年龄的宝宝也能用来实验研究。宝宝被动型的、依赖型的襁褓儿形象也随之转变成一个主动的生命体——他很早就能对所在环境有思想，能自己控制、处理刺激。

今天，随着研究的深入，依附关系研究将兴趣更多地放到了对在标准观察环境中宝宝与其主要照管人员之间互动模式的分析方面，而不再只考虑母亲或者父亲需要有何种行为表现才能令一个好的依附关系产生。而且，研究者对宝宝与生俱来的能力还想有更多的了解：新生儿会更偏爱嗅闻或口咬特定的物质吗？更喜欢看特定的东西吗？他们在听声音方面有偏好吗？在声调、音色、噪声等方面是否有特别的选择？他们能通过观察学会有意识地回忆事情吗？

想要做好对这些问题的研究，就需要有特别的方法。因而，研究者们 20 世纪 70 年代就开始了对方法的设计。而关于婴儿的***实验性研究***也随之开启。本书将主要报告这类研究的成果，因为这些发现在改变我们对宝宝看法方面起了决定性作用。这里要提及两本著名的书籍——《襁褓中的探究精神》和《才干宝宝》。宝宝在这里被理解成这样的一种生命体，他们与生俱来就被赋予社会和认知能力，从生命之初起，就能积极探索并参与对所在环境的塑造。

过去数年来，对于宝宝很早就具备综合处理信息的能力，也有一些令人意外的提示，一个在美国被描述为***早期能力***概念的新“思维模式”也随之出现。一方面，很多研究者都在想争先展示研究结论——宝宝很早就会一些东西，而这些东西过去一直被认为要等到宝宝发育较晚期时才能掌握；另一方面，也有很多人反对这样的看法，这些人指责前者的研究方法不恰当，得出的结论过于匆忙，太早给予宝宝过多的信任。如此一来，我们今天就面临一个激烈争论的焦点，即宝宝真实的思维能力是什么，研究者做出的阐释可能会在哪个方面走得过远。

近年来，宝宝研究又从其他如动物研究和神经心理学等专业领域获得了新的推动力。越来越多的发展心理学家将宝宝行为与猴子进行对比，以期了解会有哪些类似及不同的情况出现在思维发育方面。关于特定的大脑结构与它对人类行为的功能意义之间存在联系的认知也会影响实验，影响我们对宝宝思维发育的理解。而在未来 50 年，因这类影响的作用，我们眼中的宝宝形象会发生何种变化呢？对其进行追踪将是令人激动和神往的。

对读者的期待

本书的目的是综述宝宝思维发育的现状，尤其重要的是，作者既不愿将自己的分析冠以“没有什么事情是不可能的”这样的标题（例如，宝宝在学会说话之前就已经有思维了），也不想参与将宝宝比作科学家，如“襁褓中的小爱因斯坦”之类的造神活动，更多的只是想在这里对宝宝的所能与不能来做个详细的描述，尤其注重不把思维发育当作一种孤立现象来阐述，而是要致力于讲清楚思维与感觉、运动神经、社会心理发展之间的联系。毕竟，我们究竟感受到了现实中的哪些片段，我们真正有哪些具体行为的可能性，我们如何与他人交流等问题总是贯穿在宝宝心智发展过程之中的。

2

宝宝有哪些与生俱来的本事

众所周知，宝宝出生时，眼、耳，以及其他感官一应俱全，睁眼能看，竖耳可听。然而，他们具体感受到什么？如何处理获得的信息？运动机能对于思维的建立发挥了什么作用？要回答这些问题，首先得有兴趣弄清楚宝宝与生俱来的本事。为此，本章将带您做初步的了解，并同时强调，将感受、行为和思维严格地割裂开来并不是明智之举。

1. 运动

所有生物最显而易见的特征就在于能自主运动。运动能让人主动地去影响周围环境，而人的大脑的首要任务就是优化与环境的主动交流。如果能弄清这一点，便不难理解，为何发展心理学一直认为，运动机能的发展是思维发展的主要先决条件。“抓住了才能领会”就是对此的一种特别形象的说法。即使现代的研究对此有完全不同的看法，但只有对运动机能发展有了很好的了解，才能最终理解思维发展，这种观点始终是正确的。而反射则是了解运动机能发展的切入点。

1.1 反射

随着人类的进化和胎儿在母体内的成熟，新生儿躯体已准备好对特定刺激做出相应反应。这种天生的刺激-反应链也被称为***反射***。一如导言所述，按照让·皮亚杰的观点，思维是构建现实的一种主动过程，运动机能的发展对开启思维发展有着重要意义。而事实上也可确认，反射使宝宝与生俱来便具备了主动应对所在环境的能力。

新生儿反射可区分成数十种不同类型。有些反射会伴随终生，有些则会在几周后随即消失。一些反射的作用已明确，而另外一些反射的作用仅能是推测。如果新生儿根本就没有某种特定反射，或者某种反射未能及时消失，这些都可能是宝宝神经发育不良的征兆。因此，医生在所有宝宝出生时都要确定他们的***反射状况***。

觅食反射是最重要的新生儿反射之一：宝宝只要在一侧脸颊触碰到软软的东西，便会相应地朝这个方向转动小脑袋，并同时张开小嘴。这种行为模式被称为***觅食反射***。它方便宝宝找到母亲的乳房，而宝宝的小嘴一旦含住了乳头（或者其他类似物品），随即会诱发***吮吸反射***，***吞咽反射***也会紧随其后。这两种联动的行为模式保证了宝宝能将乳汁吮吸到口中，并顺利地咽入食管。虽然重复几次后，宝宝的吃奶动作会更熟练，但值得注意的是，大部分新生儿似乎第一次吃奶就能很顺利。宝宝参与完成这一过程的运动机能，其程序虽然复杂，但在出生前就在发挥着重要作用。例如，我们能观察到胎儿在母亲腹中吮吸拇指的现象，而且极有可能是觅食反射帮助他找到的拇指。宝宝的吞咽动作（当然首先吞咽的是羊水）也是其瞥见世间第一缕光线前就已练习过的。因此，等到真正需要的那一刻来临时，身体已经做了最好的准备。

宝宝吞咽时，呼吸自动被抑制，因而不会被呛到。呼吸和吞咽都是自主进行的，无须去思虑。这种由脑干控制的行为方式同样可在胎儿身上观察到。母亲腹中的胎儿吸入羊水，同时锻炼肺部肌肉，一旦其降临人世，第一次接触氧气时，健康的宝宝即开始***呼吸反射***并持续一生。虽然如此，但宝宝呼吸停止的情况仍然存在，如***婴儿猝死综合征***。它也是西方国家中最常见的新生儿死因。至少宝宝死亡的四成被诊断为婴儿猝死综合征。

讨论宝宝猝死的可能原因时，研究者怀疑问题出在神经学方面，即宝宝启动了仅适合在母腹缺氧环境中运行的某种行为程序。该行为的作用是，当通过脐带获取的氧气不足时（例如，母亲吸烟或压力太大时），胎儿会减少包括呼吸在内的一切生命活动，甚至几乎不动，以便肌肉消耗尽可能少的氧气，以保证作为最重要控制中心的大脑绝不会缺氧。超声波检查即可观察到上述现象。这类行为在母亲腹中有意义，但一旦离开母体，其作用就恰好相反。例如，宝宝头部一旦因不小心被包被捂住，或者因其他原因导致呼吸困难时，宝宝就会主动蹬腿，尝试摆脱覆盖物，以去除导致氧气吸入不足的诱因。这种防护反应，稍大一点的宝宝已能自主完成。宝宝腹部朝下趴着时，同样也会有类似的反应。他们这时通常会反射性地把头转向一边，以防脸被埋住，阻碍了呼吸道的通畅。此外，宝宝或成人缺氧通常会引起更强烈的急促呼吸。睡梦中的宝宝因缺氧而开启前述行为程序则是非常危险的。这类行为程序出现在母腹中时能保护胎儿得以幸存，但现在却能让宝宝悄无声息地窒息而亡。原因就是由于所有生命活动的减弱，宝宝不会有防卫反应和反射性转头。有数据显示，这种情况发生在父母床上与出现在宝宝床上的概率基本相同。宝宝看似平静，既没有蹬脚、踢腿，也未见哭闹，却悄然逝去。

值得注意的是，宝宝猝死多因母亲在怀孕期间大量吸烟，导致胎儿的供氧不足。也就是说，吸烟母亲的宝宝，为了避免大脑因缺氧受到伤害，出生前会有规律性的、降低生命活动的情况。或许这也是导致宝宝出生后仍然做出相同的行为反应，并严重危害自身的原因之一。尽管如此，有一种现象似乎不太符合这一解释：相比较而言，***宝宝猝死***极少出现在宝宝出生后的头几周，更多的却是在第 4 周和第 6 周出现，而这个时候的宝宝本该已经适应了新的生存条件。

近年来，关于***宝宝猝死***的成因有很多思考，专业文献中也有其他解释，如认为这种情况的发生是由一种细菌（幽门螺杆菌）引起呼吸障碍所致；还有可能根本不存在一种统一解释，如果要合理解释，则需要同时考虑多种不同的因素。但无论诱因是哪一种，还是要建议年轻父母们不要在宝宝房间内吸烟（最好完全戒烟），不要让宝宝趴着睡觉，要避免其他可能造成宝宝呼吸受阻的危险发生。让宝宝睡在空气新鲜的环境中会有益于健康！这是连家里老人都知道的常识。

呼吸通常是一种无意识的行为，由脑干控制。从理论上讲，宝宝在出生初期可以有意识地影响它。例如，有些婴儿，在其心情不好时，可以观察到他们在屏气，有时甚至时间很长，能憋到脸色发青。他们似乎想要主动控制呼吸过程，但最后却无法自主收场。在这种情况下，需要用惊吓（如大声鼓掌或喷凉水）的方式才能使他们恢复正常，继续呼吸。

一般而言，宝宝屏气的能力也是与生俱来的，每个宝宝都能做到。这里提及的屏气实际上是一种在特定条件下出现的且非常有用的反射性行为，如当头没入水中时即会屏气。即使是新生儿，其在遇到这种情况时也会立即屏住呼吸，并在水下坚持数秒。一旦宝宝脑干反应不当，没有及时呼吸反射，则会强制性地对大脑及机体产生灾难性后果，毕竟足量供氧对于生存乃至大脑健康的工作是至关重要的。

其他还有很多与前进运动有关的反射，如在旱地即能触发的***游泳反射***。当宝宝腹部朝下趴着时，如果在其腰部上方轻柔地抚摸背部一侧，宝宝便会将压在下面的身体部分转向被抚摸的一侧，动作就像在水中转动一样；如果触摸宝宝脚掌，宝宝就会尝试缩腿***（爬行反射）***。将宝宝竖起，架着让其站在桌面时会出现***站立反射***。这时，宝宝双脚接触桌面，腿部肌肉紧张，重心被稳住。在宝宝站立时，如果将他的身体略微前屈，即会出现***踏步反射***——宝宝会交替抬起和放下左脚与右脚，就如同走路一样。

观察可见，稍晚发育的运动机能，在其初始状态的新生儿期就已出现。然而，反复触发上述反射仍不能使宝宝有意识、有目的地学习游泳、站立或走路。原因是当宝宝趴着或竖立时，大脑对其行为的控制并非由相同的神经通路来完成。宝宝的游泳课程仅能增加母亲与宝宝的愉悦感，因为两人一起在水中是一件美好的事情，也有利于宝宝克服对开放水域（有别于澡盆中的水）的胆怯。但是，这里不应被误解为在做游泳训练。

有人推测，人类先天的运动能力是从动物祖先那里遗传而来的。人主要通过大脑***（皮层）***支配行为。因此，最初由脑干控制的支配过程会逐渐被后天以经验为基础的支配程序所替代，这也被称为大脑***皮层***的支配过程逐渐被替代为***皮层下***的支配程序。游泳就是一个很好的例子：起初，水中的婴儿像小狗一样划水，但后来，他们学会了以另一种完全不同的、手脚协调运动的方式，并使自己能在不消耗过多体力的情况下，长时间待在水中而不会沉没。一般而言，这种学习会在 3 岁之后才开始。宝宝游泳时，最先学的是潜水和狗刨式划水，而不是将头伸出水面。

从进化的角度来看，人类不同于其他很多哺乳动物。这些动物一出生就能立即用自己的腿站立，而婴儿是“襁褓儿”，生下来先要由他人背着或抱着，要借助别人才能行走。因此，对宝宝而言，能确保不失去与抱着他们的人有身体接触的反射才是最为重要的反射。***握持反射***（抓握反射）就属于这样的一类，它通过手掌心的接触而产生。新生儿的手掌接触木杆时，他们有时会抓得很紧，以至于别人可以借助这根木杆将他们举高，宝宝自己却几乎不会松手。抚摸新生儿脚掌一侧时，宝宝的脚也会产生类似于手抓握的反射，只是没有那么明显：宝宝首先会分开脚趾，然后弯曲脚掌，紧紧“抓住”***（巴彬斯基反射）***，仿佛他们要用脚趾抓住什么东西一样。但这种行为方式是否为一种原始功能，目前尚无定论。

另一种反射为***拥抱反射***（宝宝受惊时的拥抱反射，也称惊跳反射），它同样与宝宝需要他人照管、靠别人背着和抱着的特点有关。当新生儿被举高，支撑在其后背的手暂时松开，使其感到有下坠危险时，便会诱发拥抱动作。宝宝这时会张开两手，寻找可以抓住的东西。新生儿被放入浴缸时常会做出这类动作。在这些方面，自然曾经配置给人类很多今天实际已不再需要的反射。然而，这些反射对人类的近亲（如大猩猩）而言却仍然起着重要作用。

除了调控进食、供氧和一些主导向前运动或抓牢等的反射外，还有很多与感觉有关的反射，如***强直性颈部反射***：当将新生儿脑袋转向一边时，他的一只胳膊会伸向自己头转动的方向，而另一只胳膊则向上抬起。由此可以设想，头部和臂部肌肉之间存在一个预设的协调机制，它在这里发挥了作用。理由是，每当宝宝抓东西时，他的眼睛（随后是头）首先会看向目标物方向，然后才会朝有东西的方向伸出胳膊和手。

1.2 从反射到由意志支配的动作

反射并不是后天习得，而是随宝宝出生天生就有的存在。同样的反射，发生在不同的宝宝，即使是同一个宝宝身上，但因检测的时间点不同，反映的情况也会有差异。检测时，宝宝的清醒程度决定检测的结果。基于这种差异可以推测，不仅脑干或中脑支配了大多数新生儿的反射，大脑皮层也参与其中。但这与后来出现的有意识的动作相比，大脑皮层参与支配的程度较小。

宝宝长到 6 个月至 9 个月之间的某个时候，特别是那些与向前运动和身体接触安全性相关的反射会消失。许多反射被外表相似但由意志支配的行为所替代。抓握反射在这种发展变化中比较引人注目：当新生儿抓握东西时，他几乎不会自行放手。无论宝宝此时看见了什么，这种行为模式的执行似乎不受控制——宝宝抓住的只是手掌接触到的那个东西，而非他此前用眼睛看到的或想要的东西。这与有意识地抓握东西完全不同。有意识地抓握东西时，用眼睛盯住要抓的东西和抓握者的意图起决定性作用。例如，宝宝去抓运动中的物体时，他可以根据该物体的大小和形状来调整双手张开的程度。而且放开已抓到的物体，对此时的宝宝而言也不再困难。这种行为仅由大脑来支配。

近年来，有观点认为，宝宝生命的头几个月，其大脑的运动机能区域逐渐发育成熟。渐渐地，新生儿反射也开始出现形式上的变化。这时，当意识支配执行同样的动作时，控制反射的原始程序已退居次要地位，不再起主要作用。在某种情况下（如当神经系统发生紊乱时），有些反射活动也可被再次激活，但一般而言，此时受意识支配的行为将成为主体。不过吞咽反射、呼吸反射等应是例外，这些反射将伴随宝宝一生。

若只能用一句话来概括以上所述，则可以得出以下结论：新生儿生来就拥有可供广泛选择的行为程序，这使他们从呼吸第一口空气开始便能通过自主的运动来积累经验，融入环境。上文阐述的所有反射可划分为三部分，一部分为生命所必需；一部分为进化过程中的遗产，但它对成长于人类文化环境中的宝宝而言并无重要意义；还有一部分则在感觉和思维的发展方面发挥作用。

1.3 运动中的同化与适应

宝宝认知研究奠基人让·皮亚杰（本书导言部分已介绍过此人）认为，不同的反射构成了宝宝思维的基础。例如，吮吸反射会不断地反复刺激宝宝，使其能重复相同的行为。皮亚杰将这类反射的应用描述为***循环反应***。这种循环反应可以同时从两方面提供新经验：一方面，宝宝将现实中的对象***同化***到自己的反射模式中，例如，宝宝用手抓握所有东西，无论它是什么，只要是他的掌心能触及的。他在以这种方式让被抓握的对象适合自己可能的行为。这种行为让宝宝有机会了解不同物体的特性（这是什么？感觉怎样？）。另一方面，宝宝同时也必须让自己的行为与对象的特征相适应，例如，无论宝宝要抓的是一件大的或小的物体，他都会根据对象的情况决定自己手张开的程度。皮亚杰认为，这是宝宝在***适应***。

使环境适合自身处理事务的能力***（同化）***，以及让自身的活动适合环境现状***（适应）***，运动反射的动作从一开始就在这两者之间形成了一种复杂的相互作用。皮亚杰认为，由这两个基本原则引导产生的相互作用，其结果就是人类全部智力发展的过程——从宝宝简单的反射行为到建立理论和发展出抽象模式的研究。

很明显，特定反射对智力发展过程而言比其他的反射更重要。例如，抓握反射和吮吸反射就能被应用于完全不同的方面：宝宝可以通过抓握或吮吸的方式，来认识自己身体的某个部位，也可以了解他人身体的某个部位、某种玩具和物体。呼吸反射的表现却有所不同，它仅仅涉及空气元素。相比之下，适应过程中呼吸反射的支撑点较少。尽管如此，宝宝仍可以根据自己对气味的喜好让呼吸加快或放慢、加深或变浅。呼吸对大脑供氧极为重要，抓握和吮吸则除了保证生存的功能，也对认知能力的发展有重要意义，因为它们最先传递的是触觉体验——宝宝的舌头或皮肤感觉到物体的表面，并在吮吸或抓握物体的过程中接收其关节位置以及肌肉张力的反馈信息。这些信息使宝宝得以构建自己的身体反应模式，并在此基础上获取关于环境的信息。

1.4 运动发展的里程碑

对身体发育进行深入观察就会发现，运动机能对于智力发展的重要性更为显著：宝宝学会有针对性地抓住某件物体，然后放下。他的这种随意抓握行为受意识支配，是在眼睛的控制下完成的，它要求在控制眼球运动的，同时，以某种方式控制身体运动，两者须结合起来。这一过程高度复杂，大脑的多个区域如***视皮层***（也被称作***视觉皮层***）、***扣带回***、***运动皮层***和小脑等同时参与其中。这些区域分布在大脑的不同部位，它们之间的精确协调在宝宝出生时尚未发育完全。因此，受支配的抓握行为一般要在宝宝出生 3 个月后才能出现。尽管如此，宝宝尝试向自己感兴趣的玩具的所在方向伸出胳膊的现象仍可在其出生的极早期观察到，只是他此时伸出的通常是拳头。抓握动作在三个月或四个月后便飞速进步，等到六七个月时，宝宝最先是会用整只手去“抢”东西，然后大拇指和其他四指也逐渐分开。只是后四指在这个阶段（八九个月）仍不能单独起作用。到 1 周岁时，宝宝终于可以用大拇指和食指捏住并捏紧夹钳、珍珠或其他小物品了。

除了对临近空间的控制，宝宝的能力还逐渐扩大到控制较远空间。最初，宝宝学习的是在趴着时抬起头，绷紧颈部肌肉。这种动作对宝宝用眼光追踪周围有趣的东西来说很重要。因为能有针对性地控制头的朝向，宝宝就能随其喜好，自由选择周边环境中任一目标进行观察。起初，完成这一动作异常费力，而且持续的时间也很短。但随着宝宝能用双臂支撑起身体，再做出这种动作的能力就得以持续增强。与此同时，支撑双臂也是宝宝为准备其在室内进行的运动而做的，如翻滚所迈出的第一步。哪怕只是一小会儿疏于照管，宝宝就总会令人惊讶地看到，他为了想要够到某件特定的东西，而从其原来待着的位置上挪移很远。

运动发展的另一个里程碑是身体坐直。人一旦能独立坐直，且能转动头部，周围世界在他眼里就会完全不同。可以预见，坐直这一步对宝宝而言极为重要，尤其是当（只能躺着的）婴儿车被换成（可以坐着的）婴儿车时，宝宝的反应则更会令人坚定这一看法。宝宝躺在婴儿车里只能看到现实世界中相对无聊的一部分：天空、云和人脸。大部分躺在里面的宝宝很快就会觉得无聊，因而父母会在车上悬挂彩色的木质玩具，让他们至少有了可以抓或看的东西。然而，一旦宝宝第一次笔直地坐在了婴儿车里，这一痛苦也就结束了。从这时起，一个丰富多彩的世界就展现在了他们的眼前：房子、街道、人、动物、树木以及其他可以让宝宝怀着激动的心情去观察的东西。

“坐着真棒！要是还能被推着四处逛逛，那感觉就更棒了，这可是在家无法享受到的。而要想体验点什么，就得自己能动。”大多数宝宝接下来的行动就是像“四足动物”一样在地上爬行。爬行也让宝宝第一次有了对房屋空间的体验。宝宝可以在单个维度上，在不同的房间之间自由地活动：爬进柜子里，钻到沙发下……他以愈加强烈的热情探索着周围的世界。长到快1周岁时，当宝宝学会借助物体抬高身体、直立以及走路时，他会把那些自己感兴趣的东西来来回回地四处拖曳，或拿给妈妈看，或在爸爸面前藏起来。这些都清楚表明，对思维发展初始阶段的理解毫无疑问应该与运动行为发展到何种程度这个问题结合起来。随着宝宝室内运动和主动探寻目标的能力不断增强，他的视野也在不断扩大，在这里，能力的增加起了决定性作用。

皮亚杰将智力发展阐释为一种主动的过程。在此过程中，宝宝通过具体的行为构建一幅现实的图画。依照这一观点，思维便是一种内化的行为。观察发现，手势和言语一样，都能用于理解沟通。这一结果为上述说法找到了明显的佐证：婴儿多借助各种非言语的方式向父母传递想法，例如，当宝宝伸出向上张开的手，指着想要的物品，同时手交替地张开和闭合时，每个成人都会明白这种手势的意思——手势代表宝宝“想要”。这种动作在稍大一些的宝宝身上比较常见（同时还经常伴随着一种诉求性的嘟囔声，而且声音的强度会随需求的迫切程度而变换）。显然，这是后来发展出“我想要那个”的表述的预演。虽然这一点看似一目了然，虽然尚不明确宝宝在学会说话之前是否真的有语言的前期阶段，但新的脑研究结果似乎证实了这一猜测。它表明，当人们通过手势或用言语进行沟通时，大脑中相应区域（具体为***布洛卡氏区，即运动性言语中枢***）是很活跃的。但尽管如此，也有怀疑这一论点的有力证据存在，如活动能力受限较大的宝宝（例如，四肢有缺陷，难以做典型的手势和以姿势进行示意），同样能与那些没有相应障碍的宝宝一样，学会很好地说话和思考。

皮亚杰认为，宝宝对在自己周围观察到的事情，尤其是自身或他人的活动，先是用身体模仿一遍，然后再以简明的手势或象征性的体态表现出来，并最终在头脑中完全模拟，这些改变应该在 2 岁前完成。虽然可以肯定身体活动与思维之间有关联，但有利于智力发展的其他建设性因素也同时存在，感觉便是其中之一。

2. 感官

许多研究宝宝的学者把感觉看成一把重要的钥匙，依靠它能打开通往理解思维结构的构建之路。然而，一个仅出生几小时、几天、几周或者几个月的宝宝，他究竟感受到了什么呢？

宝宝自出生起（并在此之前的很长一段时间内）就是有感知的生命体。他们带着具有敏锐感觉的皮肤、灵敏的鼻子、感受味觉的味蕾以及睁开的眼睛和耳朵来到世间。他们从呼吸到人世间的第一口空气开始，便能感觉，能嗅，能尝，能看，能听。然而，宝宝的感知能力并非在所有领域都和成人一样，有很多东西还不能被他们准确和有区分地感知。可对有些东西，婴儿的感知力又会很强，甚至可能会强过以后其生命中的任何时候。

人类感觉的质量总是与不同因素息息相关。能将物理或化学信号转化为神经冲动信号的感觉细胞数量及成熟度，神经元对信息的处理速度，对来源于不同感官渠道的单个感知信号的协调能力，当前感觉与背景知识之间的关联等，都是决定感觉质量的因素。所有这些方面综合在一起决定了人对这个世界的感知。但事实上，成人永远也体会不到，由这类因素混合而成的特殊综合体出现在特定年龄的宝宝身上时会是何种模样。成人不会去理会这些，他只会把自己作为标准去评判宝宝对特定事物的感受是否也和自己相类似。下文将分别对每个目前已知其发展的感官部分进行阐述。

2.1 皮肤感觉

就在不久前，新生儿手术仍是在没有麻醉的情况下进行的，原因是认为他们的痛觉尚未发育完全，而这种观点还被广泛接受。但现在已确认，胎儿在妊娠的前半期可能就已有压力感和痛感。例如，母体子宫内的胎儿在接触到进入的异物（如针）时会有缩回的动作。此外，当胎儿躯体感受到如疼痛或者医疗手术类的压迫时，他们的心跳会加快。即使在完全正常的情况下，当母亲腹中胎儿翻转时，触碰到自己身体的一部分或脐带、子宫，超声波上就能显示出明显的反应。如果触碰到的是脸部和四肢，这种反应就尤其明显。等到晚些时候，这些区域的压力和痛觉刺激会更精确、更有差别地被感受到。因此，大致可做出这样的推断，即新生儿的身体对肌肤的感觉近乎与年长宝宝一样。

新生儿如果被戳到脚，他的反应会是某种程度的快速缩腿，但等到他开始哭喊，则往往需要更长的时间。这种现象表明，刚出生不久的宝宝与几个月大的宝宝相比，前者在疼痛刺激的心理处理和做出相应反应（如叫喊）方面，明显需要更长的时间。究其原因，部分在于那些通过脊髓向大脑传递疼痛刺激的神经尚未完整被髓鞘覆隔，导致神经冲动传导较慢。此外，人体在对疼痛进行反应的过程中，大脑的不同部位仅是平行参与其中，要让它们协调一致地共同作用还需要经过练习。因此，这也在一定程度上影响了反应时长。

早产儿或刚出生几天的正常宝宝，其痛觉感受与较大点的宝宝有所不同。他们脊髓中的疼痛纤维尚未到达最终位置，以至于他们仅从生理感受上很难区分简单接触和痛感接触。早期的痛感体验对于之后的感觉会产生什么样的后果，这是目前仍在研究的课题。然而，这并不支持早产儿和正常新生儿会把每次触碰都当作痛感来体验的观点。反之，对触碰刺激的感知在宝宝生命之初起到了正面的积极作用。例如，当早产儿被包裹着，躺进一个小“窝”，并因此感知到边界时，他会感觉到舒适，但最让他们喜欢的还是依偎在照看人的怀里。这就是所谓的***袋鼠式育儿***，即宝宝像袋鼠一样依偎在父亲或母亲的胸口。***袋鼠式育儿***已被证实非常有利于宝宝的发育。奥特温·林德坎普（Otwin Linderkamp）及其同事的研究也表明，采用此种方式，每天数小时地照看早产儿，可以使其更迅速地摆脱对医疗设备的依赖，而且与那些极少有机会能接触照看人身体的宝宝相比，他们的情况也更稳定。

卡塔琳娜·布劳恩（Katharina Braun）及其小组关于澳大利亚袋鼠的动物研究也证实，在生物学上，动物有对身边环境和临近物接触的需求：实验表明，当把澳大利亚袋鼠的幼仔从母袋鼠身边分开时，小袋鼠会感到焦虑。而等到再次团聚时，母袋鼠通过照顾幼仔身体（母鼠舔舐幼仔皮毛）的方式让小袋鼠的焦虑得以缓解。然而，一旦母袋鼠与幼仔分开后，且不再有后续母袋鼠整理皮毛的行为出现，幼仔的后续发育就会受到负面影响。“迷宫实验”的实例也显示，相比于那些在分离之后仍会得到母袋鼠身体照顾的幼仔，失去照顾的小袋鼠很难学会找到一条正确走出迷宫的道路。这种现象又该如何解释呢？

分离，还得不到理毛爱抚来“平衡伤痕”的经验既引起了脑内应激受体的数量变化，也减缓了学习过程中神经元之间构建新连接的速度。其带来的后果是，动物未来在面临压力而产生焦虑时既无法保护好自己的身体，也更难学到新的东西。这种观察结果清楚地表明，母袋鼠的身体照顾对于其幼仔的大脑发育有重要影响。但是，该结论是否适用于人类，迄今为止仍无法确定。

哈利 · 哈洛（Harry Harlow）做过这样一个经典的实验：将刚出生的猴幼仔与其母亲分开，并提供一个配有奶瓶的铁丝和一个没有奶源但铁丝间撑有毛皮的架子，让它们自由选择其中一个栖息。实验结果表明，猴仔都偏爱毛皮架，只有当它们饿了的时候，才会爬到铁丝架上去。在新生儿身上观察到的大量行为方式也表明，身体接触有镇定作用，而且带来的体验往往都是正面的。因此，尝试安抚哭闹的宝宝时，将其抱起来把他贴近照看人的胸口，或是抱着他四处走动等做法不是没有道理的。

然而，仅从以上观察中就得出宝宝只有不断让人抱着来回走动，给他喂奶、按摩、抚摸他，或以其他积极的身体照顾方式关心、爱护他，他才能很好地发育成长的结论却显得过于匆忙。但在某种程度上讲，有一点是非常明确的，即最小限度的身体接触也对宝宝的身体和心智发育十分有必要，特别是当其感到焦虑、有压力时，这种身体接触就更为重要。宝宝自发表现出来的肌肤之亲需求，其程度也是因人而异。有些宝宝甚至对他人过于靠近会产生不舒服的感觉，从而做出防御性动作。

总而言之，可以确认，皮肤的感觉对于后续多个方面的发育似乎都很重要。例如，可能出现受伤时，皮肤会发出警示信号，能提供周围环境的各种信息，而且还能传递安全体验和被保护的感受。显然，后者的功用对于宝宝的精神发展具有突出的意义。

2.2 嗅和尝

如果用棉球蘸上腐烂味道拿到新生儿的鼻子前，他的脸会发生明显的扭曲，头也会扭向一边。相反，对于怡人的香味，宝宝会表情松弛。这是***表情分析***得到的结果，只是这类分析方法只适用于测试对强烈芳香气味的情绪反应，而要弄清新生儿如何精确分辨不同的气味，则需要另一种方法——***转头法***。运用这种方法时，需要让宝宝的头位于正中，脸朝向正前，然后在其头的左右两侧分别放置一块浸有不同气味液体的布巾。随后进行测试，并确定宝宝的头会转到哪一边。通过实验可以观察到，仅出生数小时的新生儿即能分辨出母亲羊水的气味，能将其与其他女性的羊水气味区分开。也就是说，早在母亲妊娠期间，腹中胎儿即已能感受相应的气味，出生后仍能回忆起这种感觉。这无疑也清楚地证明了，宝宝生来就有敏锐的嗅觉。

研究提供的其他证据还表明，新生儿能在最短时间（几小时到几天）内学会分辨自己母亲不同于其他女性的乳香与汗味。他们在辨别这两种气味时都倾向于以熟悉的刺激为依据。很明显，如果没有很好的嗅觉器官，他们几乎无法做到这一点。上述观察也明确表明，宝宝一出生便可直接运用对气味以及对味道的感受来重新识别人和食物。这些感觉让宝宝将熟悉的东西与不熟悉的东西区分开。这里同样也存在感觉与思维之间的密切联系。

以上结论同样适用于辨味：如果拿给新生儿两种饮品——一杯

白开水和一杯糖水，再让他们选择。他们通常会倾向于选择糖水；但要是让他们在白开水和盐水之间进行选择，他们（小于 4 个月的婴儿）开始时更喜欢白开水。上述结论通过这样一个实验就可以确认：用一根专门准备好的吸管让宝宝吮吸不同的饮料，同时测定其在喝饮料时的吮吸率变化。

有人推测，宝宝对特定芳香物质的最初偏好应该是其尚在母亲腹中时，由母亲传给宝宝的。理由是，孕期的母亲每次吃某种特定食物时，其中的一部分有味道的物质会随后进入羊水中。而胎儿因需要定时吸入、吞咽羊水，以摄取养分，这些有味道的物质同样也会随之进入他们的体内。关于分娩前胎儿的味觉发展，曾有一项有趣的超声波检查研究，其结果显示，如果母亲在测试开始前约两小时摄入了大量糖分，胎儿呼吸和吞咽频率就会升高，也就是说，尚在母亲腹中的胎儿仿佛就已经是一个喜欢甜食的小美食家。这一点从生理学角度看也有道理，因为糖分会直接进入血液，能为快速发育的大脑提供能量。目前，糖分似乎对新生儿还有镇痛作用，这一点已被不少人知晓。换言之，人类喜好甜食是进化促成的。但是，进化却未促成人类对下述事实做好足够的准备，即过量食糖反而会影响健康。

一般而言，有酸、咸和苦味的液体并不会让新生儿产生特别的偏爱。这里起重要作用的是有味道的物质的浓度。以盐为例，较低剂量就能引起宝宝的积极反应，而浓度较高时，则会被拒绝。

令人惊讶的是，人在刚出生时与以后的任何其他时候相比，舌头和口腔中拥有的感觉细胞反而是最多的。但尚不明确的是，是否出于这个原因，宝宝才能敏锐地辨别出不同食物的味道。因为，对辨别食物味道而言，起作用的不仅是感觉细胞的数量，大脑中的相应信息处理也很重要，而***嗅脑***在这里的作用很大。怀孕期间，嗅脑的形成尤其早。仅从名称看，令人怀疑它仅与嗅觉经验有关，但事实并非如此。它对记忆和情绪刺激处理等功能也有重要作用。嗅脑和鼻子距离较近，嗅神经直接止于嗅脑。存在于空气、液体或固体食物中的化学分子刺激***嗅球***（嗅神经），从而在鼻子和大脑之间建立起直接的联系，这就是该名称最真实的意义。然而，随着宝宝年龄的增长，味觉和嗅觉会以一种复杂的方式受到大脑的影响。例如，当对某个人产生坏印象时，可能会说："这人臭不可闻。"这种话语表明，带有情感色彩的记忆会对嗅觉和味觉产生实质性的影响。此外，不同感官的处理方式会与味觉判断融为一体。有句话说得好："眼睛会跟着一起吃。"也就是说，高级的尝味艺术是需要经过学习的，它与大多数在宝宝出生之后所积累的经验相关。从这种意义上来说，它也与思维发展相联系。

3. 看

每一个仔细看过新生儿眼睛的人都会发现，他们的目光异常清澈，同时还极富神采。他们的瞳孔张得很大，眼珠深邃黝黑。宝宝降临世间的第一个视觉印象会是什么呢？这大概只能靠猜测了。无论答案如何，新生儿视力最初受到限制这一点已人所共知。从解剖学角度来看，早在母亲妊娠期间，胎儿的晶状体、视网膜等眼部结构以及连通脑后区域的神经网络通路就已准备完成，而与之相匹配的神经结构却要等到宝宝出生数月后才能发育成熟到一定程度，即所谓的成熟到与成人相比大致相当的程度。有些发育甚至要到 3 岁以后才逐渐完成。

对尝试理解宝宝的思维过程而言，知道宝宝在哪个年龄阶段可以看见周围环境的特定部分毫无疑问是十分重要的。宝宝何时能清晰地看见东西？什么时候能识别出移动的物体和颜色？宝宝是如何学习观察空间、辨别人或物体的？针对这些问题，大约 20 世纪 50 年代起就开始了深入的研究。最近，有人尝试将发展心理学家和医学家的观察结合起来研究，因为在宝宝早期视觉感知中，成熟与经验是相互紧密交织在一起的。只是这里往往会低估了视觉是由众多单个部分的能力组成的这一事实。下文将介绍对视觉处理复杂性的看法，以及发展心理学家为了获知婴儿的视觉体验，都采取了哪些研究方法。下文的介绍首先会涉及视觉的基本功能，之后还将谈到视觉的复杂形式。

3.1 视觉的基本功能

视觉的基本功能主要是指能让人依据事物的特征和性质有区别地感知周围环境。具体而言，人必须以双眼聚焦，清晰、对比度高地形成物体的映像，区分出它的色彩，能用目光追踪它。这里提及的每一个单项的能力，下文都将就其发展进行具体阐述。

对焦

宝宝在出生后头几周内尚不具备正确控制自己眼部肌肉的能力。他们有时会斜视，尤其是当他们尝试着集中精力去注视身边的某一件东西的时候。如果这一行为持续到 6 周以后，且频繁出现，就必须采取针对措施了，因为大脑在宝宝出生第 2 个月至第 10 个月之间会学习如何正确协调双眼接收信息。倘若此时因双眼无法正常协作而接收了“错误”信息，视觉皮层便会出现发育障碍，而且无法后天矫正。这一点对空间感觉而言尤为重要。

视敏度

除了调整眼睛位置的肌肉，眼睛内部也有其他肌肉。它们中有一部分会作用于晶状体。这一点很重要，因为成束的入射光线会借此落在视网膜上的最佳位置。而只有这样，看到的才清晰。由于新生儿的眼部肌肉尚不足以让晶状体形成足够大的弯曲，因而宝宝最初看到的周围环境是很模糊的。

另外，出生仅数周的新生儿，其视力不佳的原因还在于，视网膜上视觉最敏锐的地方，也就是***视网膜中央凹***里的视觉细胞数量还相对较少，它们要等到出生数月后才有显著增加。如何能有区分地看到东西，取决于眼中这些视觉细胞（受体）的数量。这里可用数码相机做直观对比：只有像素足够高时，数码相机才能拍摄出高清照片。这时的新生儿，由于其视觉细胞的数量仍在增加，空间分辨率也尚未达到最优，因此，要做到视力清晰，还需要等到视觉细胞中一个重要的部分，即***中央凹***里分布特别多的***视锥细胞***完全成熟才行。

过去有观点认为，宝宝在特定的近距离范围，如 20 厘米内能看得清晰，只有那些距离过近或者更远的东西才看得模糊不清。能看清楚的距离或许等于哺乳时宝宝的脸与母亲身体之间的距离。由此推测，宝宝天生就具备一种能力，即至少具备能时不时地看清楚接触自己最多的照看人的能力。然而，目前已知这是一个不正确的推测，原因是此时宝宝的眼部视神经及大脑视觉信息处理区域尚未发育成熟。总体而言，即使距离为 20 厘米新生儿看东西也不会特别清楚。

如何才能知道宝宝看东西的清晰度呢

以下实验能测定视敏度：将两块图板并排放在一起，其中一块均匀地画上灰色色块，另一块画上条纹图案。两块画板中央的亮度必须具备可比性。实验结果表明，即使是新生儿，他也更爱看条纹图案而非均匀的灰色色块。如果把一幅用粗线条绘制的图案和一幅绘有均匀的、灰色的画替代图板给宝宝看，粗线条图案极有可能让他更感兴趣。但是，如果给宝宝看的是细线条图案配简单的灰色色块，那么，他会因视敏度缺乏而看不清细条纹，并且会感觉在两幅图案上看到的都是同样形状的灰色色块。而且由于此时已无更多理由能让宝宝花更长时间去关注其中某一幅图案，他们的目光也会变得无法集中，忽左忽右。因此，以逐级减低图案线条的粗细度，同时变化均匀色块的左右位置的方式，可确定宝宝从何种粗细的线条开始不再关注图案，并由此获得宝宝的具体视力边界。这种测试同样也适用于用单眼进行。

上文所述的实验方法，所运用的理论是***视觉偏好法***，它在宝宝研究中有着极为重要的地位。借助这个方法，在就宝宝面对何事时会特别紧张这个问题进行研究时曾得出有趣结论，而且这个结论也被经常用来研究更高级的思维模式。下文中还会经常提及该方法。

以上阐述也清楚地表明了，视觉感知的发展对于理解宝宝思维研究为何如此重要：**只有当我们明白宝宝究竟感觉到了什么，才能肯定地说出他们在如何思考。**应用目光的行为在很多研究中被看作在提示期待与兴趣，因此，弄清宝宝的视敏度具有双重意义。

事实上，在宝宝视敏度测定方面，目前现代医学已经有了比视觉偏好法更为有效的研究方法。然而，不同测试方法却总是得出同一个结果：出生后头 6 个月对于新生儿视敏度改善是决定性的。

对比敏感度

测定对比敏感度的方式与视敏度类似。方法是，逐渐缩小图案中条纹之间的亮度差，并确定宝宝开始看不到条纹图案，仅能感受到一个相同灰色色块时的时间。若对比敏感度高，则意味着宝宝甚至能感知到亮度中最小的灰色调差异；若对比敏感度低，极端情况下则意味着，明暗和黑白中间需要有一个清晰的对比，以便区分两种色调相近的色块。

刚出生不久的宝宝既不能牢固地聚焦身边的物体，也无法看清它们，宝宝的对比敏感度又相对较低，因此，他们尤其喜欢看对比反差大的图案或明暗边缘。当把小宝宝放在一幅暗色调的油画面前时，就能很容易地观察到这一点。但无论是何种情况，宝宝关注更多的却只是框架，而非图片的内容。因为，框架与白墙的直接对比在这里呈现了强烈的明暗差，可让宝宝因此感知到最大的亮度对比。当小宝宝被抱在手上的时候，会发现他很少去注视别人的眼睛，而是更频繁地用眼光去观察这个人脑袋的轮廓。在这两种情况下，都能发现宝宝对棱角很感兴趣，因为他可以借此练习自己的视敏度和对比敏感度。对视觉皮层神经元的相互之间的正确连接而言，这样的练习是非常有必要的。

色感

除了聚焦、视敏度和对比敏感度，色感也很重要。很多父母都在宝宝卧室里挂满彩色的东西，就连玩具大都也是鲜艳的彩色。但是，新生儿能感知到色彩吗？色彩感受器 ***（中央凹视锥细胞）*** 的数量在宝宝出生后还在明显增加，而视锥细胞主要分布在视网膜视敏度最为清晰的区域 ***（中央凹）***。虽然说宝宝在出生后，大多数视觉细胞的发育基础已经完备，但眼内受体似乎仍需经历一个实实在在的成熟过程。虽然有上述这些生物学意义上的变化存在，但刚出生的宝宝还是能分辨特定颜色的。例如，他们最初的色谱能区分 4 种颜色——蓝、绿、黄、红。宝宝对特定颜色对比度的感知，如对红色和绿色条纹图案的分辨，会在其出生后的头半年内得到根本的改善。其颜色感知也会随之出现重要改变，只是这种感知在他和年龄稍大的宝宝之间不一定存在可比性。大约半岁开始，宝宝看世界的眼光才能类似于成人。

目前为止，我们只谈到了静态的，即非运动刺激的感知。而事实上，新生儿已经对一切运动中的东西产生了浓厚的兴趣。由此产生出了一个问题：宝宝用眼睛追踪一个动态目标的能力如何？

目光追随运动

仔细观察不难发现，新生儿的眼睛还能缓慢和突然活动。例如，当有人在宝宝眼前将一串丁零作响的钥匙扣缓慢地来回晃动，便能很容易地观察到，宝宝的目光会努力地追随这个有趣的东西运动。只是对这种反应，此时的大脑还不能支配，它是脑干***（上丘）***作用的结果。换言之，这是一种类似视觉反射的自发反应，它负责将目光引到视野中发生变化的东西上。有人就此猜测，等到 4 个月大时，宝宝大脑皮层更高级的区域才开始控制他的目光追随运动，并持续到视觉皮层上所有不同层级的神经元完全形成为止。此外，这个时候新生儿前脑***（前动眼中枢）***的神经结构显然还未发育成熟，它们与其他中枢的联络也尚未完备，而前脑又是对目光追踪运动起重要作用的器官。因此，新生儿的上述反应也被称为***亚皮层感知***。毕竟，人在安静状态下目光受到某种刺激，眼睛都无法保持静止。

视觉扫描

宝宝能用眼睛扫描刺激。关于该项能力发展的研究表明，宝宝在 3 个月大后，其视觉扫描人和物的速度及分辨力会有明显提升，也就是说，这个时候的宝宝，其聚焦、视敏度和对比敏感度等能力已经得到较大的改善。

3.2 成熟和经验对视觉的作用

总体可以认为，宝宝基本视觉功能根本的改善与在同时发生的眼、视神经和视觉皮层的成熟过程所产生的影响紧密相关。以视觉皮层发生的变化为例，它很好地展示成熟与经验在宝宝的发育过程中是怎样起协调作用的。

宝宝在出生后的头几个月，其神经突触（神经元之间的接头）密度迅猛增加，到其八九个月大时达到最高值。接近 1 周岁时，神经突触密度开始下降，直到成年之后也能维持恒定不变的水平。建立突触连接的阶段被称作神经***萌芽***期，神经元连接数量重新减少阶段被称作***修剪***期。

为什么神经突触先会产生过量？这该如何解释？这难道不是浪费吗？答案完全相反！一是因为大脑正幸运地处在一个能最佳处理不同类型刺激的时间节点，眼和视神经也已足够成熟，能在视觉皮层传递环境信号；二是因为一开始还不确定连接中的哪些部分特别有用（这取决于环境）。当然，最后也只有那些真正需要的被保留下来，其余的又重新被分解掉。所以说，在视觉能力发展方面，成熟和学习直接相关，紧密相连。早期经验可以长久地烙在神经结构上，生物学上的成熟过程则随着年龄的增长改变了感知和行为。

或许，由于母亲腹中光线暗淡，宝宝视觉的大部分成熟过程都是在出生后才开始的。一般而言，妊娠 5 个月，胎儿才开始闭眼，7 个月时，或者干脆出生后才再次睁开。这种现象主要与保护眼角膜不受羊水损害有关。

宝宝大张着眼睛降临在这个世界，观察着它，这一现象在很多宝宝出生时的第一时间都能被观察到。它令人明显感到宝宝对大量涌入大脑的新信息有很深的印象。至于如何处理它们，虽然有前述的认知，却依然令人无法很好地想象。但无论如何，这里仅仅涉及了现实中很小的一部分信息。或许，当宝宝完全清晰地看到、感知到这个世界及其华丽色彩时，他们会觉得被人苛求了，自己面临的是难以承受之重。站在宝宝的立场去设想，就好似有一条新的感官渠道让自己突然获得大量的信息，突然站在一个新的维度，高清晰地感知了这个世界，而信息量之大却让成人也完全不知所措，无法处理。换言之，产房和医院对于新生儿绝对意义重大，它给予了宝宝最初的朦胧印象，虽然他们只将注意力集中于有强烈的色彩和明暗对比以及清晰轮廓的东西上。

但是，即使宝宝的感觉器官和支配这些器官的大脑中枢都已完全成熟，他对事物的感受仍然绝对不能同成人相比。原因很简单，把一件熟悉、已认知过的东西重新拿出来再看时，视角会变得完全不同。

复杂的视觉能力演绎了向思维发展的过渡。不同的信息在这里汇集，对空间、对一张脸或对一个物体的总体印象随之产生。下文将以“这种上位感知印象如何产生”为主题予以讨论。

3.3 视觉的复杂功能

视觉的复杂功能是向思维发展的过渡，它包括空间感知、面部感知和物体感知。

空间感知

人需要对空间和深度有感知，从而能立体地体会这个世界，并且目标坚定地在这个世界中活动。对成人而言，空间有三维是一件自然而然的事情，但新生儿的认知却并非如此。因为空间感知是一个极为复杂的建构过程，需要很多不同的单项能力共同作用才行。例如，需要利用大量不同的提示性刺激才能感知到深度。这些刺激不单来源于眼，也来源于耳，当然，在正常情况下，视觉刺激毫无疑问是最重要的信息来源。为了能利用特定提示感知深度，双眼产生的数据必须融入大脑，这被称为***双目深度刺激***。利用其他提示感知深度时可用一只眼睛完成，这便是***单目深度刺激***。宝宝要想能看见空间，他们的视敏度必须在一定程度上有良好的发育。另外，还要有经验，即宝宝主要通过在房间内的运动而获得的经验。在这里，运动技能发展和思维发展之间存在紧密相连的关系就更加清晰了。

双目深度刺激包括***横向差异***，它出现在宝宝约 4 个月大的时候。人在看一个物体时，双眼提供给大脑的信息是不同的，原因是由于双眼间距的存在，交汇到视网膜的光线会发生轻微的角度偏差。以相机做类比，可以简单明了地解释这种现象：用两台彼此间隔有一定距离的相机拍摄同一物体（例如一个花瓶），拍出来的两张照片一定是不同的，因为每台相机都从不同角度在取景。被拍摄目标距离相机越近，两张图的偏差就越大。与前述相比，若拍摄对象同为距离很远的山，图片的偏差则最小。视网膜成像也同此理：出现在眼前的物体离得越近，双眼提供给大脑的影像差异就越大。倘若将食指放在两眼的中间位置，每次距离不同，再交替紧闭右眼和左眼，便可以发现，手指距离眼睛越近，在两眼之间的“跳跃”

距离就越远。两张图像的信息从双眼的视网膜到达视神经，然后到达***初级视觉皮层***。初级视觉皮层位于后脑，由不同的层级(共 6 层)组成。

宝宝出生后头几周，双眼感知的信息还统一由第 4 层的神经元处理。部分原本分离的图像也会因此相互融合。从第 4 个月开始，相应的支配神经元职责专门化。此刻起，每只眼睛分别处理信息成为可能。有关这些视觉信息处理上的变化最初是由动物研究的结果来提示的，后来的心理学实验也对此予以了证实。这里有一个可加以利用的策略，它对于很多宝宝思维发展的研究非常重要。下文将对其进行详细阐述。

生物（不仅仅是人类宝宝）如果总是被同一种刺激物刺激，例如，以条纹图案刺激，便会有厌倦无聊的时候，于是他不会再去关注这个刺激物，会对它无动于衷。这一现象被称为习以为常，或者***习惯化***。

倘若拿给他们的东西换成了一个新的，如一种带格子的图案，他们就会有惊喜的反应，和 / 或更强烈地去关注这个新刺激。这种现象被称为***去习惯化***或***定向反应***。曾有这样一项实验：将宝宝按年龄分组（低于或高于 4 个月各一组），让他们佩戴一副特殊眼镜看图案。他们左眼看到的是有垂直条纹的图案，右眼看到的是有水平条纹的图案。最开始，宝宝有足够长的时间看这些图案并熟悉之，直到失去兴趣。接下来，让他们看横竖条纹结合在一起的格子图案。这时可以发现，较大年龄组的宝宝注意力重新上升，4 个月以下的宝宝则仍是无动于衷，继续处于无聊状态。这种群体差异又该如何解释呢？年龄较小的宝宝早在习惯化阶段就将双眼提供的单个图像组成了一幅简单的格子图案，因为这些信息在大脑中就已经直接融为一体了。而年龄较大的宝宝先看到的图案是分开的条纹和横线，而且哪个图案看得更清楚，还要取决于哪只眼睛在感知过程中刚好占主导地位。当合二为一的格子图案呈现在眼前时，他们的反应是惊奇和关注，因为他们之前看到的并不是这样的图案。

年龄较大的宝宝的初级视觉皮层中会产生各类复杂细胞。当双眼接收信息时，复杂细胞中仅有一部分会持续反应，另外一部分只有在某只特定的眼睛获取到信息时，才会有最为强烈的反应。这种高级神经元的功能专门化过程对于深度感知非常重要，它发生的时间虽然很早，却要等到双眼的距离以及眼球的大小确定后才会终结。宝宝出生后的最初几周和几月，头和眼睛的生长尤为迅速，眼的直径不断变化，位置持续靠拢。视网膜上其他将信号传递给大脑的视觉细胞也在发生变化。此外，宝宝还须获得对其眼部肌肉的控制能力，因为如果不能正确地聚焦并看清物体，便无法有效地辨别双眼信息中的细微差异。只有当视觉皮层第 4 层的神经元网状结构足够成熟时，双眼信息的单独处理才能最终得以实现。

宝宝最早从第 4 个月开始将横向差异的概念用于空间感知，但另一个提示深度刺激的概念——***大小恒定***却是早已存在的。例如，仅几周大的新生儿，当感觉到房间内某个物体朝着他移动而且变得越来越大时，也会做出明确反应。这就是所谓的***迫近效应***。只要让宝宝坐在计算机屏幕前，给他们看一个棱角分明的、仿佛要撞上他们的简单四边形，就能很容易证实这种迫近效应的存在。3 周大小的宝宝即可以对这一现象做出眨眼示意或回避的反应。类似的保护性反应不仅能在宝宝实验室研究中观察到，在日常生活中，当成人俯身在婴儿车上方，车中的宝宝正直视他，而此时成人弯腰快速地靠近宝宝时，也能看到宝宝有类似的反应。宝宝做出这种反应的前提是，他认为通常情况下，物体无论离自己有多远，它只有一个固定的大小。正是因为宝宝有这一类大小恒定的认知概念，才能解释，为什么对他而言，其视网膜上持续变大的物体图像仅意味着是某空间距离靠近的提示。迄今为止，宝宝这样利用信息的能力是否为天生还是后天学成，却尚无定论。有人猜测，双眼位置相对、随物体的远或近而发生系统变化（趋同现象）的信息，很早就让宝宝对大小恒定的概念有了体验。但同时须加以考虑的是，不足 3 个月大的宝宝在看东西时，很难做到用双眼锁定。若眼睛的位置对于大小恒定的概念有重要意义的假设成立，那么要让斜视的宝宝做到自如地利用这种提示空间深度的刺激，则需要更长时间。

相比之下，深度感知的另一个原理，即***已知大小原理***，则要等到 5 ~ 7 个月大时才能被宝宝利用。利用该原理感知空间深度的前提是宝宝已能记忆单个物体，而且能将记忆与对应物体的大小关联起来，例如，如果已知一栋 3 层楼高的房子有多大，就可以从相应建筑的图像大小中推导出它大概距离有多远。对宝宝而言，应用该原理时用人为参照物比用建筑物可靠，因为他对人距离的远近无疑拥有更多的经验。已知大小原理的概念直观、明了地显现了从感知到思维的流畅过渡——因为预先积累的知识影响感知，而且这种知识仅能在回忆起它并建立起对比时才会被调动起来。

遮掩同样是一个重要的深度提示概念。成人都有这样的认知，即能被人完整看到的物体以及部分或全部遮盖其他东西的物体比被遮盖的物体的距离更近。宝宝是否能明白这些刺激是在提示距离？为了弄清这一点，人们做了以下实验：把有图案的卡片交叠着放在一起，卡片中部分图案因相互重叠而被遮盖住（类似于一副抓在手里、呈扇形展开的扑克牌），或将卡片一排排紧挨着摆放，然后让

宝宝观看。实验结果显示，宝宝只在部分被遮挡住的卡片堆中，伸手去抓那些完全没有被遮住的，看上去是距离他们最近的卡片。只是，要做到这一点，至少需要等到他 7 个月大时才行。这项研究也论证了宝宝研究中的另一种方法——***抓握偏好法***。不同于视觉偏好法，抓握偏好法仅适用于年龄较大的宝宝，因为该年龄阶段的宝宝已经能够有意识地抓握东西了。

实验以视觉偏好法为理论，通过移动被遮挡的刺激源，证实了宝宝早在约 2 个月大的出生初期就对遮掩原理有朦胧的理解。实验方法如下：拿两张图片给宝宝观看。一张图上画有一根斜立着的棍子，另一张图上只画了斜棍露出的两头，中间的位置空着没有画，整体看上去似乎与第一张图上的棍子完全一样，只是中间部分像是被切掉了。实验过程显示，宝宝看两幅画的时间几乎一样长。但如果在他看图片之前，先让他看到了下述移动场景，情况就会发生变化：实验的场景是这样的，图片的前面放置了不透明的挡板，宝宝只能在挡板的上下部分看到后面有部分斜棍伸出来。由于中间部分被遮挡住，宝宝无法知道，伸出来的部分是一根连在一起的棍子的两端，还是两根不连续的短棍子。然后，让两个可见的部分来回同步移动。运动轨迹的同一性使得天真的小观察者产生一种印象——这是一根完整的棍子。

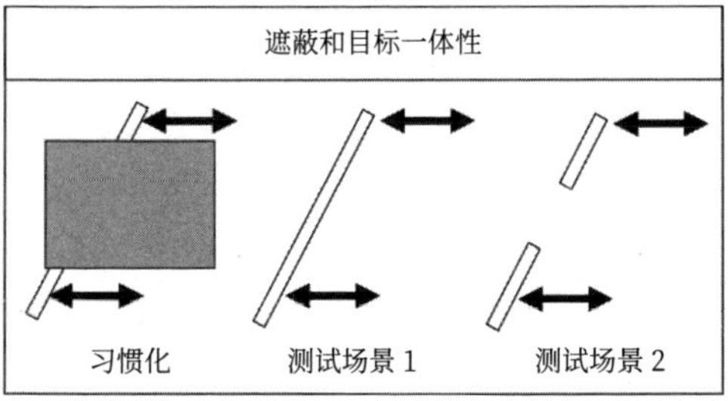

在习惯化阶段，宝宝首先看到的是棍子在挡板后面如何来回移动。在接下来的测试阶段，两种场景在没有挡板遮挡的情况下交替进行。

测试场景 1 中，宝宝看到的是一根完整的棍子。

测试场景 2 中则看到两个分离的部分。

通过这种方式来研究哪种结果更能引起宝宝的兴趣。

实验中，给宝宝充分的时间看这个有挡板的场景，直到他们熟悉、习惯，继而失去兴趣，不愿再看为止。接下来，再把没有挡板遮掩的图片也拿给宝宝看，第一次让他看的是一根完整的棍子，第二次看的则是两根分开的棍子。实验显示，宝宝此时更长时间盯着那张画有两段棍子的图片看，就好像非常惊讶，看到的竟不是一根连续的棍子。目前尚不确定，视觉偏好在这里是否真的意味着是一种期望被伤害时的惊讶或反应，但做这样的猜测是显而易见的，只是尚无证据证实这一点而已。

宝宝的深度感知是逐渐建立起来的，而且随着时间的推移，越来越多的提示刺激被牵扯进来。他们的空间体验并不是天生的，也非一蹴而就，而在很大程度上是一种量变积累的过程。例如，在空间这个问题上，一个 4 周大的宝宝和一个 1 周岁的宝宝相比，体验是完全不一样的。众所周知，这种体验不仅取决于脑部的成熟过程，还与不断增加的经验有关。换句话讲，即使在幼小的宝宝身上，感知和思维也早已紧密地契合在一起，几乎不能再严格将它们分离开了。周岁宝宝的空间感知仍在继续发育，当宝宝学会爬行或蹒跚学步后，便能更好地对距离、高度和深度做出判断。由此得出的结论是，人的感知能力也与运动能力密切相关。

这里有一个明确的基本原则：要想真正地理解宝宝的心智发展，就应该明白，很多仅限于某个方面的能力都分别以自己的速度在发展，而只有当它们共同发挥作用时，复杂过程的形成（如想法和概念的产生）才有可能实现。思维和空间感知一样，也不是与生俱来的。尽管如此，大脑仍然可以做好准备，以特别的方式处理特定的信息。经验在信息处理的过程中始终都在发挥作用，只是可能在有些方面作用发挥得更多一些，在另外一些方面则要少一些。思维也不是突然产生的，并非只与某一种诸如“说”之类的特定能力相关联。或许以雾来打比方能更形象地理解这一点：当大雾逐渐笼罩大地时，雾的上部区域比被雾遮住的下部区域更早地显露出来。某些特定的提示性刺激就好比突出在雾上的区域，在空间感知的过程中，它们会比其他的刺激更早地被利用到。只有全部利用完提示性刺激之后，空间才可以被完全感知。这与要等到大雾完全消散之后，全部区域才能显现是一样的道理。尽管如此，对空间深度的预感却是事先就已有了的。

面部感知

对新生儿而言，意义重大的复杂刺激莫过于人脸。当父母俯身于摇篮上方，同宝宝说话，或给宝宝喂食时，当他们为宝宝换尿布或洗澡时，无论遇到的是何种情况，宝宝的眼前总会是一张人脸。

倘若认为新生儿聚焦能力和视敏度并未发育充分这一认知成立，那么宝宝能认出眼前的人是谁吗？宝宝天生就有对脸的偏好，与生俱来就乐于接收类似于脸的刺激，这类推断也有些道理：如果给刚出生数小时的宝宝看一张脸和给予他另一种同等复杂的刺激，新生儿会更倾向于看脸。但是，刚出生不久的宝宝，只有当刺激物在其眼前缓慢移动时，其视觉偏好才能显现。静态刺激不能确认视觉偏好的存在，而运动似乎能帮助新生儿保持注意力，让他们确切地知道该看向哪里。

令人吃惊的是，在精简了很多的刺激细节后，和其他刺激物相比，宝宝仍然偏爱与脸相似的刺激物。约翰逊（Johnson）和莫顿（Morton）对这个问题进行了深入探究，并提出了面部感知理论。他们最初观察到，新生儿更喜欢看深色背景前的浅色椭圆形图案，尤其是当椭圆形图案中有 3 处深色的图斑，就像排列成三角形的 3 个角，且一角的顶点朝上。这种图形比其他任何东西更能吸引他们的注意，换言之，基于这种偏好，一幅抽象的，仅画有两只眼睛、一个鼻子和一张嘴的面部图画也能更多地引起宝宝的注意。新的研究表明，即使只是一幅简单的平面画图，但只要是图的上部能观看的东西比下部多，画上具体有哪些内容，是什么形状不重要，显然也足以引起宝宝的兴趣。至于宝宝为何会偏爱这种刺激，原因到目前为止仍尚无定论。

约翰逊和莫顿猜测，新生儿接收到的面部信息是大脑在没有更高级中枢参与的情况下，先由亚皮层进行处理。因而，他们最初辨别单张脸的能力会受到强烈的限制。尽管如此，脸部识别的原始机制也能产生作用，它至少确保了宝宝对脸产生兴趣，能够更快速地掌握熟脸的标志性特征。约翰逊和莫顿认为，以后，即待宝宝约 4 个月大时，他们接收到的相应信息会由大脑皮层处理。从这个时候开始，宝宝从最初仅注意有鲜明外部轮廓的东西，更多地转移到对物体的内部标记，如眼睛、鼻子和嘴的兴趣上——他们不但不想放过不同人在特征方面的细微差别，而且还要分清这些人的不同面部表情，因为这些与宝宝交流的人，他们的面部表情为宝宝提供了其情绪状态的重要信息。

尤其令人惊讶的是，宝宝虽然视觉能力受限，感知的脸部信息由大脑亚皮层处理，但他似乎能在出生后短短几天就能分辨出自己母亲不同于其他人的脸。在分辨的过程中，宝宝首先注意的是发际和大致的头部形状。但如果母亲戴了帽子或头巾，宝宝可能就难以认出她来，而且还经常认错。三四个月大时，由母亲在家照看的宝宝通常更喜欢看女性的脸，而且能很好地加以区分，而由父亲照看的宝宝则更偏爱男性的脸。宝宝大概都会在同样的年龄才开始能认出照片上的父母。这一观察表明，宝宝面部感知的发展速度很快，利用由感知系统和大脑处理的有限信息的效率很高。

宝宝约半岁时似乎是一个学习人脸识别的敏感期。成人很难区分异族人的脸（例如，亚洲人和非洲人的脸），甚至更难辨别不同猴子的脸。6 个月大的宝宝却完全不同，他们简直就是真正的面部识别专家！但再过 3 个月，这一特别能力就已不能同日而语了。随着经验的增加，宝宝面部感知的重点也随着通常所面对的脸的种类而日益凸显，辨别能力也随之升高，但在遇到那些极少出现在其所处文化圈中的脸时，他们的面部识别能力则会下降。

还需阐明的是，声学领域也存在可比的敏感度升高期，也就是说，宝宝期的认知发展并不总是只有一种新获取的能力陪伴，而恰恰是在感知的过程中，一些特定的能力会再次丢失。然而，对于这类损失也没有必要去惋惜，因为这通常是一种适应的结果，而且与思想对信息处理的效率提高有关。毕竟，只有那些能和神经元关联到一起的感觉细胞才能得以保存下来，才能成为日常生活的真实所需。

也有学者猜测，脸的刺激是一种特殊的刺激，因此也只能以完全特殊的方式来处理。而以此观点为背景又产生了另一个问题：宝宝感知其他物体时会如何反应呢？究竟是什么能让人将物体与其背景分开？倘若没有这个分辨能力，人的视觉印象就不再是那种时刻变化的复杂模式。只有通过将一个场景划分为多个部分，并在它们之间建立相互参照的特定空间关系，然后去感知它们，才可能构建起对整个世界的认知。但是，这就意味着物体感知是与生俱来的/或者说物体感知是在宝宝出生最初的几个月内由于经验的积累才得以发展的吗？

物体感知

宝宝从出生那一刻开始就被大量的物体围绕。但问题是，宝宝怎样才能很好地辨识一个有清晰外部轮廓的物体呢？这便是在下文中被称为***物体感知***的问题。由于新生儿还不能完全看清物体，他们准确处理物体外观和运动信息的可能性因此受到限制。例如，出生刚几天的宝宝仅能看清物体的边缘和轮廓，而且还要在明暗对比大、物体的背景颜色均匀一致的前提条件下才能做到。但从第 6 个月开始，当宝宝的视敏度、色感及视觉扫描的能力得到显著改善时，他们就能准确地识别出物体的边界，甚至当物体在视野中呈非连续状态时还能想象出它的完整性。

想象中没能接续看见的轮廓要以经验为前提，这里遮掩原理中的经验起了重要作用。该原理在前文有关深度感知发展一节中已做过讨论：每当一半物体被遮住时，人便会在想象中将缺的部分接续完整。花点时间，看看周围的环境，有多少物体是完全可以被看见的？被遮住的又有多少？大家将会发现，大多数的物体都被遮住了一半，而要补充完整这些不被看见的轮廓，就要经常了解物体，掌握一些知识（例如，它的外形）。这也说明，物体感知和物体识别之间存在密切的关系。宝宝对物体外形认知得越准确且记得越清楚，他们便越容易在想象中补充完整被遮住的部分。

如果物体是一个简单的几何形状，其主体部分与背景的颜色、明暗度完全相同，它就无法从背景中凸显出来。但在人的视野中，它所缺失的边缘会被直觉补充完整，这即是***主观轮廓***（认知轮廓或错觉轮廓）的概念。关于这一现象已有过多次研究。例如，实验时，让主观轮廓呈现为一个简单的正方形。严格意义上讲，该正方形根本不存在，仅视觉上认为其存在。视觉的印象是，正方形的 4 个角都处在一个小的圆面上，正方形主体的颜色及明暗和背景的完全一致。但背景上实际只有 4 个小圆圈，每个小圆圈都被切去了 1/4。

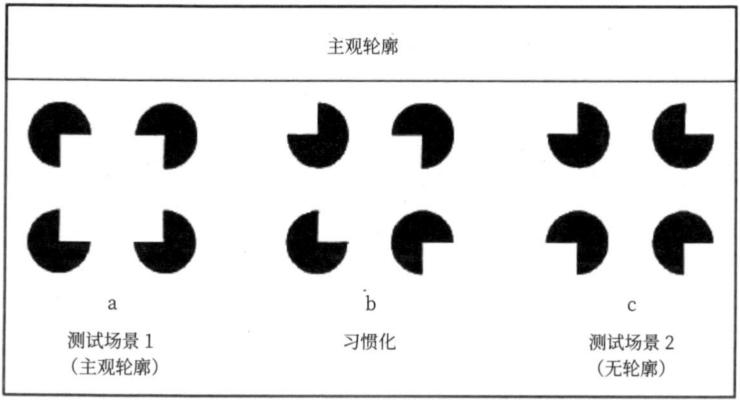

首先，让宝宝习惯由 4 个圆形及其三角形切口构成的图案（图 b）。

其次，分别将两组新图案中的一组拿给宝宝观看。每组构图与图 b 相同，但其中分别有两个圆被旋转 180°（图 a 和图 c）。两种测试同样都是新刺激，但只有一种呈现出主观轮廓。问题在于，宝宝是从几岁起偏好这种带有主观轮廓的刺激的？

旋转每一个小圆圈，让被切掉的 1/4 部分与虚拟正方形的 4 个角完全重合，就好像遮住了它们一样，只有这样（而且只有这样）视觉才会感知到主观轮廓。米歇尔·卡夫塞克（Michael Kavsek）等人的研究表明，五六个月大的宝宝已经具备了这一令人惊讶的接续补充能力。

在多数情况下，如果目标物缓慢地在眼前移动，宝宝能更容易地将不能完整识别的物体感知为一个整体。上文提及的在挡板后来回移动的斜棍实验就是说明这种能力的一个简单例子。两个月大的宝宝，即使在有挡板遮住物体中部的情况下，也已经能感知到该物体似乎是连续完整的。即使只是一张脸部的示意图，但如果它是处在移动的状态下，也会更容易被新生儿识别出来。通过这一事实可得出以下结论：运动对于感知物体的轮廓和特点是很有帮助的。一个可能的重要原因在于，相比于静态的刺激，运动刺激一般来说吸引了更多的注意力。就连很小的宝宝也会对运动的物体感兴趣，即使他们最初很难用目光去追随运动中的物体，但他们还是做出了尝试。

总结一下：宝宝天生就拥有有限的视觉能力。出生后的前 3 个月内，更确切地说，直到第 6 个月，所有参与视觉感知的生物结构都能达到很大程度的成熟，以至于宝宝在 6 ~ 8 个月大时就几乎能和成人一样看东西，至少在颜色、外形、图案和运动信息的处理方面是如此。而在空间感知、面部感知、物体感知和其他复杂的视觉过程方面，此后还将会有重要的进步。成熟和经验为发育做出的贡献是同等的。

4. 听

听不同于看，它在宝宝出生时就已经发育得很好了。早在母亲怀孕的后半期，胎儿就已经可以处理声音，其内耳已经具备感官细胞。他在母亲腹中也绝不寂寞，相反是非常活跃，他会发出“咯咯”和“嗡嗡”的声音，能真切地听见母亲的声音和心跳。当母亲说话或唱歌时，声波不但可以通过腹腔，而且可经骨骼传导。可见，女性骨盆是一个理想的共振腔。

虽然外部刺激也能经腹壁传递给胎儿，但声音很弱、很轻，有点像把头潜入浴缸或泳池水中听到的声音。虽然在水下也可以听到声音，潜水员之间甚至可以进行近距离的交谈，但是此时他们很难感知到水面上所发生的事情。因此，声音穿过孕妇腹壁后仍须保留在 60 分贝大小才能让胎儿听见并做出反应的事实几乎并不令人惊讶。至少借助胎儿的生理和神经运动反应，振动及声刺激的效应已得到证实。

尽管如此，小家伙还是听到了不少东西，而且刚出生的新生儿明显可以记得他们在母亲子宫内听到的各种声音，这些尤其让发展心理学家感到惊讶。因此有人断定，如果孕期的母亲为了放松，有定时收看晚间特定连续剧的习惯，其所怀的宝宝在出生后，即能被相关的电视剧主题曲很好地安抚。可是，只要母亲的听力没有问题，她们在看电视时，几乎不会将音量开大到能穿越腹壁所需的 60 分贝的强度。

相反，相较于陌生人，刚出生不久的宝宝更愿意倾听母亲的声音，而这种现象似乎并不那么令人惊讶，因为孕妇说话或唱歌时产生的声波毕竟会通过骨骼传递给胎儿。因此，给躺在保温箱内的早产儿定时播放录制好的母亲声音，会比那些没有这么做的早产儿在生理调节方面取得更好的效果。因此这样做是有意义的。

为了找出新生儿愿意听什么声音，哪些是他们已能分辨的刺激，研究实验使用了上文阐述味觉感知时提及过的***吮吸偏好范例***概念。该范例同样可以借用于研究新生儿的认知能力。实验要求给宝宝戴上头戴式耳机，嘴里含一个专门的奶嘴。实验前先测定他们自发吮吸奶嘴的频率。接下来进入实验的学习环节。在这个环节中，要求一旦宝宝吮吸奶嘴的速度比以前慢，耳机就会在其耳边播放母亲的声音，一旦他的吮吸速度变快，耳边就会响起其他女性的声音（一半宝宝的实验要求正好相反）。然后通过实验来确定，他们是否更偏好听到其中的某一种声音，是否能学会适应性地调整自己的吮吸速度。实验结果表明，宝宝对自己母亲的声音有明显的偏爱。

在正常频率范围内，新生儿通常可以很清晰地听到人的声音。他们对于女声的反应一般要比对男声明显。他们尤其喜欢成人围在他们身边，以强重音和高音位说话。即使父母有时只是和他们逗笑，但父母夸张的语调变化，边说边唱的方式，明显让宝宝感到愉悦。而说话时是否讲究语法，是否用了简化了形式的音节，这些都并不是重点，重要的是——话语简单，音调升高，富有激情。

行为研究学家认为，人无论生活的文化背景如何，来自何种文化圈，在某种特定的方面总是偏爱使用相似的语调。当想要安抚宝宝时，他们语调下沉（“好了！没事了！”）；当他们想要引起注意时，语调便会升高（“快看！”）。这种说话方式能帮助宝宝更容易地理解说话人想要表达的内容。虽然不同的语言语调***（韵律）***之间也存在巨大差异，但新生儿显然已经具备了分辨它们的能力，而且还明显偏爱母语的语调。

在区分单个音节的能力方面，宝宝甚至要优于成人。例如，父母因为不是在某陌生的文化环境中长大，无法分辨（或不再能分辨）该陌生语言中的音节，宝宝却能毫无困难地区分它们。毕竟，可以观察到这样的现象，即当耳机中持续播放了某种类型的多个音节后，突然换成另一种型的音节时，宝宝的脑电波会有变化，而且这种现象甚至会出现在睡眠状态。半岁开始，宝宝的这种反应似乎有所减弱。辨声能力随着年龄增长而减弱的一个典型的例子便是，成年中国人很难区分“R”音和“L”音。当还是宝宝时，他们能够对此进行区分，但由于这一区分在他们的母语中没有意义，该项能力便重新弱化了。这个例子表明，感知能力并非全都随年龄增长而逐渐完善，甚至某些方面反而会减弱。但仅靠这些观察，还不能让人匆忙得出以下结论：为了防止神经元连接的分解，应尽可能多地让宝宝听到不同的语言音节。而且这样做也没有意义，因为就信息处理的效率而言，分解过程也非常重要。因此，人需要越来越多地关注成长的语言环境，更注重锐化对母语的感知。思维发展并不仅是能力的集合，而是更多。构建和消除的过程能更好地让宝宝的大脑适应其生活环境中的现状。

2 周岁前，声音感知的重要进展之一就是宝宝学会对声音定向。例如，新生儿早就能在听到声响时将头转向大致的音源方向。有观点推测，该行为方式可能受亚皮层（这里指***下丘脑***）控制。而且随着年龄的增长，宝宝对声刺激的定位也明显更准确，而更高层次的处理步骤在这里也起到了重要作用。

另一个影响声音定向的因素是对物体的经验。如果宝宝熟悉飞机发出的声音，当飞机临近时，他会自发地转头向上看，目光搜寻越来越近的声音来源方向。在家居环境中，宝宝也能大概感觉到，餐具的碰撞声不可能来自浴室，或者门铃的响声估计是出现在走廊那头。对于这些主要出现在 2 岁以内的学习过程，还有另外一种能力发挥了重要作用，即感觉统合。

5. 感觉统合

感觉统合是指对不同感官印象的协调一致，例如，对听与看的协调。这种协调力在统合对同一物体的不同经验时很重要。有研究者推测，新生儿早已具备了这种能力。

梅尔佐夫（Meltzoff）和博尔顿（Borton）曾就该命题做过一项引起轰动的实验：实验对象为 4 周大的宝宝，被分为两组。实验要求宝宝含奶嘴，在不先给他们看的前提下，允许他们用嘴接触奶嘴的奶头。实验时，一组宝宝得到的为常用的奶嘴，其表面光滑；另一组宝宝得到的奶嘴则表面有颗粒。在不让看奶嘴的前提下，让宝宝吮吸分给自己的奶嘴。吮吸一会儿后再将奶嘴拿走，并向他们展示一组同时画着有颗粒和无颗粒奶嘴的图片。两个实验组中，宝宝均较长时间关注此前在嘴里含过的奶嘴。梅尔佐夫和博尔顿从此观察中得出结论，**宝宝有在他们所见和所感的物体之间建立联系的能力。**

实验研究的结果令人惊讶，但其解读似乎相当大胆。前文已经阐述过，宝宝在出生之初，辨识物体是有很大困难的，尤其是当识别对象为简笔图画时。从这个结论上看，宝宝在实验中的反应或许根本不能归结于其已具备感觉统合的能力，而完全应该有另一种解释，即吮吸有颗粒的奶嘴使宝宝处于一种被激发的状态，这使他在接下来的观看环节中，更喜欢复杂图片（带有颗粒的奶嘴）；而吮吸光滑奶嘴则起到了更多的安抚作用，导致宝宝倾向观看相对简单的图片（无颗粒的奶嘴）。这种解释是否正确，可以很容易地进行验证：在宝宝吮吸完奶嘴后，直接向他们展示另外两张图案复杂程度不同的图片。如果在这种情况下，宝宝依然倾向于偏好相应复杂程度的刺激，那么梅尔佐夫和博尔顿所观察到的效应在严格意义上来说就不能被归结为感觉统合，因为宝宝在这里看到的并不是奶嘴。在宝宝的反应方面，兴奋水平是否真的起决定性作用仍不清楚，但它还是可以用获取的，如心跳等的生理变化指标来验证。只是目前还没有人做过类似这样的研究，因此现在也还不能更准确地解释梅尔佐夫和博尔顿所观察到的惊人现象。

然而，还是有一些研究的结果明确支持宝宝早期即已存在感觉统合能力的结论，看与听的彼此协调即为有力证据之一。众所周知，新生儿听到声响时，已经能将头（还有眼睛）转向声音来源的方向。只是他们这时的目光搜寻还不够准确，眼睛也不受大脑控制。关于这一点上文已经有过阐述。但是，宝宝在 2 周岁以内，他已能逐渐地通过视觉，越来越精确地给声音定位了。

当眼睛和耳朵都盯住了目标，宝宝在认知视觉和声音刺激协调一致方面的行为已与以前不一样。例如，给一个 4 个月大的宝宝看一个上下运动的物体，同时让他听与此相关声音的高低变化，宝宝会在运动方向变化和声音高低转换出现不一致时，露出惊讶的神情；同样，他们会寻找运动速度和声音频率之间的平行关系。当他们见到榔头下落的频率多于撞击声，或者当撞击声和所见到的撞击动作在时间上不同步时，宝宝也会表示惊讶。

在社会领域，统合协调的这种形式扮演了重要角色：实验对象还是 4 个月大的宝宝，他们偏爱看有说话人脸的录像，因为在录像中，说话人嘴唇的运动与言语声音是一致的。但是，一旦声音和图像轨迹发生轻微的扭曲，宝宝的反应就是表情困惑。与成人类似，宝宝也喜欢看声像同步的电影。实验还表明，只有语言的音节，而不是时间上能与嘴唇运动协调一致的纯粹音响能引发宝宝明显偏好这种同步展示。由此可以看出，不仅是时间动态的性质，似乎其他质量特征（指语言特征）在这里也起到了重要作用。

显然，刚几个月大的宝宝就已经知道哪些物体会发出何种声音。他们心理上早有期待的是，弹性物体（如橡皮球）的运动轨迹有所不同，发出的声音也不同于其他弹性度较低的物体（如金属球）；他们从汇集到一起的物体（例如，单把钥匙和单串钥匙）会联想到它们发出的声音会有所不同。这些观察支持下述观点，**即半岁内的宝宝已能将一个物体的不同特征（声音和视觉）彼此联系起来。**

关于视觉信息和自身身体感知的协调已有过研究。研究实验的对象为 3 ~ 5 个月大的宝宝。内容为对受试宝宝的手臂、手或者腿和脚进行实时录像并视频播放，同时配合播放其他宝宝相应身体部位运动的录像。因镜头中的两个宝宝衣着相同，受试宝宝也只能结合画面和自己的体感才会有机会辨认出自己。实验时，让受试宝宝同时观看两组视频，并从旁边观察他们更爱看其中哪一组。实验结果表明，在大多数情况下，宝宝的视觉偏好都停留在其他宝宝的录像上，但如果将实时录制的受试宝宝的手脚运动录像倒过来播放，受试宝宝则对两组录像都感兴趣。这个结果表明，**5 个月大的宝宝已经开始在视觉和身体知觉之间建立起时空联系。**在可比条件下，即便在年龄更小的宝宝身上，也已观察到有系统的视觉偏好现象，只是方向正好相反。两相对比发现，三四个月大的宝宝偏爱看录像中的自己，而 5 个月及以上大的宝宝明显更爱观察录像中的他人。

上述例子揭示了宝宝研究中的一个普遍问题：一般而言，宝宝偏爱不太熟悉的刺激，但有时也做出相反的举动。对于这两种类型的偏好，感觉统合的过程中都不乏例子。或许，正是因为需要寻找相似性和规律性，所以宝宝一开始对遇到的合适刺激还是很感兴趣的，可等到后来弄清楚了这些规律，似乎就只有那些有违其认知规律的刺激能得到他们青睐了，毕竟又能从中学到新东西。对于宝宝的这种反应差异，目前还没有一个最终的解释。或许不用等多久，如脑电波测量一类的新方法能有助于更好地理解，为什么较小的宝宝通常会偏爱熟悉的东西，而年龄较大的宝宝却更喜欢新鲜事物。

最新的宝宝感知研究成果五花八门，层次多样。它们一方面明确，宝宝出生后 6 个月内还有很多重要的成熟过程待完成；另一方面又确认，一些成人感觉困难的东西（例如，不同感官感觉的协调），在某种情况下，对宝宝而言轻而易举，成人认为简单的东西（例如，协调双眼获取的信息），宝宝却格外感到困难。因此，深入研究宝宝感知能力非常重要，而在此过程中还将有令人惊讶的发现。

此外，感知和思维之间明显没有严格的界线。宝宝早期的感知同样也经历了***自下而上***（从具体到抽象，从特殊到普遍）和***自上而下***（从抽象到具体，从普遍到特殊）过程的影响。换言之，感官获得的信息（自下而上），宝宝获得的经验，或先天的处理结构（自上而下）等都会影响感知。

迄今为止，关于宝宝如何与他人相处的话题尚未有言及。不过前文已提过，宝宝对人脸和人的声音的反应强烈、兴致很高，但他们如何处理这些信息目前还不明确。下文的阐述将表明，宝宝从生下来第一天起就是一个“关系高手”，会以独特的方式对人做出反应。而这种与他人交流的能力对宝宝思维的继续发展极其重要。宝宝出生之初，他能获得何种经验只能由成人确定。例如，父母决定宝宝何时上床睡觉，什么时候给他喂奶、换尿布，以及什么时候允许他玩哪一种玩具。新生儿从一开始就参与其中，并通过声音、眼神和运动发出明确的信号以表达自己的需要。至于这些信号是否会获得成人的正面回应，这就不是他自己所能控制的了。

6. 社交热忱

宝宝在出生初期即通过互动学习熟悉自己所处的社会环境，了解它是否值得信赖，可否被预知，还是混乱不堪。而辨别它的规律性，发出信号让人理解并积累经验，这都是决定宝宝情感和精神发展的前提条件。即使是成人，如果反复地去搭讪某人，提出要求，却得不到此人回应时，也只得作罢，停止继续表达诉求，当然，如果知道继续纠缠下去会不利于自己，则会直接放弃。对宝宝而言，尤其重要的是先要了解发出的信号是否传达到，最后才能去了解信号回馈了什么。他们是带着要人倾听的期待来到这个世上的。虽然婴儿的运动神经尚不健全，几乎没有行为能力，因此在与现实世界的交往中几乎感觉不到自己能施加何种影响，但恰恰如此，他们更依赖与他人的交流，因为只有这样才能体会到主动行事是有意义的，而他们与生俱来的社交热情也需要被证明。

研究表明，如果母亲在宝宝出生前或出生后不久即患上抑郁症，而且还持续了数月，那对她们的宝宝而言，这种早期学习过程就极其重要了。病中的母亲难以悉心照顾宝宝。有些患病母亲几乎不和宝宝说话、冷漠地对待宝宝，或用悲伤的神情看着宝宝，几乎不去回应他们的诉求信号；还有一些患病母亲在情绪激动时，几乎只根据自己的心情和需求去对待宝宝。这两种行为方式都对宝宝的发展产生负面影响。而在这种情况下，如果又没有其他人（比如，父亲、奶奶、朋友）能站出来帮助母亲，使宝宝能在与成人的交流过程中获得积极经验，那么产生的负面影响会更严重。抑郁症母亲的宝宝往往会在童年较晚阶段出现行为异常，甚至智商会低于健康母亲所生的宝宝。也就是说，***主要的照看人***，即照顾宝宝时间最多的人，能在宝宝社会学习的重要阶段恰当地回应其交流需求的人，对他的影响是起决定性作用的。为了保证得到他人的关注，新生儿具有特定的、能让成人愿意与其交流的品性。下文对此将做详细阐述。

6.1 新生儿的社会特性

从宝宝出生的最初几天起，即可观察到***新生儿微笑***，而且多是在其睡觉时，脸上的笑容也会转瞬即逝。宝宝的微笑留给人的印象似乎是他梦到了美妙的事情，但实际上，这很可能只是其脸部肌肉的一次无意识地抽动，与具体经历的情感并无关联。新生儿的微笑中往往还夹杂着一系列完全不同的面部微表情，而且还是在睡梦中逐次出现，偶尔也会出现在清醒状态。如果够幸运，宝宝微笑时正巧被抱在怀里，那么这会让父母沉醉于幻象，认为此刻的宝宝大概是在表达舒适或对现状的满足感吧。年轻父母此时大多会兴高采烈地回应宝宝的这类表现。但是，宝宝出生后的第一周内却很少能观察到这种现象，父母也难以用关爱的目光或者暖暖的笑容诱导出宝宝的回应。正常情况下，宝宝出生 4 个月后才会以社会性的微笑回应他人的微笑。其他因看到有趣的东西或因做成了某件事而露出的喜悦微笑也要等到这个时候。

新生儿模仿则体现了宝宝的另一种行为模式，它也是今天已被人认可的、一种与生俱来的行为。宝宝特别喜欢看俯身接近的人脸，关注其脸部的表情变化。各种成功的对照研究都已反复确认，新生儿能模仿特定的动作，如伸舌头或噘嘴唇。当别人在演示这些

动作时，宝宝即使因嘴里被塞了奶嘴，难以跟随演示同步地或是直接在演示后去模仿别人嘴唇的动作，他们也会努力去做。此外，还可以确认的是，宝宝会不止一次地去模仿别人展示的动作，而且每尝试一次就会更进一步。基于这些观察，现在已经可以比较肯定地确认，新生儿模仿不能解读为是反射的原因。

有些研究者在其中看到了社会沟通的基石。然而，最新的研究表明，即使宝宝看到的不是脸，而只是一枚简单的戒指，指环中有一支笔来回穿梭，也会诱导出他的“伸舌头”行为。由此可以得出，这是一种对特定时空排列形状的感知，它可以引起宝宝的复杂反应，无须同某个社会情景绑定。如果再把新生儿还看不太清楚这一点结合起来考虑，那这一结论就不那么令人惊讶了——或许是宝宝将人为设定的形状与人脸的某些部分混淆在了一起。

无论如何，以强化父母与宝宝之间联系的方式，新生儿的模仿都实现了其重要功能。因此，年轻父母通常与宝宝最初玩的小游戏都是***模仿游戏***。即便刚开始主要是父母模仿宝宝，但转变会很快，行为和感知的角色在成人与宝宝之间会持续转换。宝宝将这种角色转化当作人际交往的基本模式而加以学习。有些学者甚至认为，互动反应的能力是人类与生俱来的，并借此将其称为***一级主体间性***。这一概念表明，不应孤立地看待宝宝的社交能力，因为交际过程始终需要有一个对立面的参与，它不仅适用于语言前期的交流沟通，同样也适用于语言的交际。宝宝在社会互动中获得对他们精神发展尤为重要的经验。模仿能锻炼宝宝在他们所观察到的和他们自己所做的事情之间进行平衡的能力，能让感知和运动神经的控制更好地彼此协调，并反复活化相应的神经通路，以便宝宝很快能更容易地做出皮亚杰定义的***循环反应***。

秉性

在恰当地回应宝宝诉求的问题上，父母的行为能力在某些方面有明显的差异。有些父母常常忽视或者不理会宝宝发出的信号，相反，也有一些父母哪怕只是观察到宝宝一个极小的动作，他们都会严肃对待、认真思虑——宝宝大概要向父母表达什么；有些父母能很快地明白宝宝的诉求，并满足他们，而另一些父母在与宝宝交流时却是困难重重，不知从何处着手。这些现象的发生，父母能力有限是原因之一，但它往往也和宝宝的行为有关。有些宝宝属于乖巧型的，很少令人操心，他们有固定的睡醒节律，有固定的吃奶时间；但也有些宝宝属于不安分型的，经常哭闹，睡觉和吃奶时间也毫无规律。

照看人对宝宝诉求或情绪的感知及回应对其后续发展极为重要。宝宝在很多早期的互动游戏中都会表达出特殊的感觉状态。例如，游戏时会传递这样的信息："这个我喜欢！还要！"或者"我不喜欢这个，拿走！"宝宝的声音和身体姿态也用来表达情绪：好奇、激动、高兴、生气、不快、要求过高办不到或无聊等。通常情况下，父母都能适当地回应这些表达。此外，自然还赋予了人一种跨越文化背景的能力，它让父母能在没有事先训练的情况下，通过其***本能行为（父母的本能行为）***为亲子间建立良好关系奠定基础。

通常情况下，父母在感知到宝宝的情感时，会先以表情和话语进行回应。例如，父亲会笑着说："你真的喜欢这个，是吗？"或者，母亲会皱着眉头惋惜地说："我知道，你现在根本不喜欢这个。"父母的这类行为方式让宝宝获得了自己也能施以影响的经验，即发出信息，被对方接收，并产生效果。

然而，并非所有父母在任何情况下都能让宝宝获得这种经验。

即使父母创造了理想的前提条件，也无法保证与宝宝的沟通交流总是适当的。例如，宝宝一方很少对照看人的关爱和安抚做出反应，反而经常哭闹。时间一长，父母也逐渐束手无策，开始怀疑自己的行为是否有错。交流沟通不仅需要双方互动，还要反应适当，这样才能成功。否则，父母和宝宝之间通常丰富多样的相互模仿、语言前期的理解沟通等互动游戏便无法正常进行。因此，在这个时候通过咨询寻求帮助和支持就有了意义，就能避免行为失当和形成有害的交际模式。无论是宝宝还是成人，互动质量方面的错误与不足，只要持续时间不长，也不是频繁出现，都是能够很好地纠正和弥补的，但如果某种错误和不足已经持续了一两个月以上，成了一个问题，就需要寻求帮助了。

然而，照看人始终百分之百不打折扣地准确回应宝宝的诉求信号，从而形成父母和宝宝之间的完美配合，却并未见得一定总是最好的！特别有益于思维发展的似乎是一种健康的混合形式，它既要求父母悉心照料宝宝，但也不能一味地顺着他们，时不时地也要拒绝一下，给一些新的、不一样的激励，即使会冒着让宝宝不高兴的风险。

围绕***静止的脸实验***所做的研究表明，三四个月大的宝宝期待身边人能以某种合适的形式回应他们的诉求，甚至期待自己对此能施加某种影响。实验要求照看人先和宝宝玩几分钟，然后随着实验主持者的指令，情绪突然消极，神情呆滞，目光紧盯宝宝身后某一点不动，脸部不再有明显的表情变化。这种状态一般仅持续很短的时间（一两分钟），再重新回到起始状态。

该实验的研究目标如下。

- 宝宝对母亲（照看人）静止的脸的反应。

● 当照看人重新和宝宝交流时，宝宝会做些什么。

已经习惯了父母通常情况下表情慈爱柔和、适时回应自己诉求信号的宝宝，在突然见不到父母的任何反应时，他们会明显感到困惑。刚开始，宝宝极力表现，努力尝试引起对方（照看人）的关注，同时还会展现出某些不可抗拒的魅力。但出于道德考虑，“静止的脸”持续时间不会太长。这也导致人们无法知道，当宝宝长时间努力无果时会发生什么。然而，从一些宝宝倔强地要尝试与照看人重建目光接触、另一些宝宝要等父母重新关注他们才有相应反应的行为里可以区分出宝宝之间的差异。例如，有些宝宝自始至终都回避与母亲目光接触，有些宝宝在母亲目光他移时几乎没有了主动性，还有一些宝宝在中断与母亲的目光接触后不久即开始大哭。但当母亲重新回应宝宝时，一般会观察到他表露出的以下神情：要么是表达怨气和愤怒，抱怨刚才发生的不好状况；要么表达对于一切似乎重新变好的喜悦之情。如果宝宝一直以来就很少有机会和母亲进行积极交流，上述两类反应便会很少出现。

因母亲患精神疾病，受自身障碍限制不能正确回应宝宝的诉求信号，在“静止的脸”实验环境下，其宝宝的行为通常也会异常。这类宝宝会主动回避他人的目光，或者当母亲移开视线时，他们几乎不会付出任何努力去重新寻求母亲的关注，就连对重建交流的反应也往往很少出现。这种行为模式在面对陌生人时可能就更不会出现了。通过上述观察可以得出结论：宝宝很早就能以某种方式处理社交经验，即一种能让自己形成对他人行为的具体期待，并以自己的行为予以适当回应的方式。这里涉及了一种思维能力，虽然它只在情感方面和在与宝宝的交流时才能表达出来。

曾对社交能力的产生有过促进作用的***新生儿模仿***，到宝宝 3 个月将满时会逐渐消失，到第 4 个月时，它又会在一个继续发展的阶段重新复苏，并受控于大脑内发生的变化。这个时候，模仿行为逐渐转变成了***观察学习***。上文中的许多内容就已涉及这种观察学习阶段。宝宝模仿完全不同的行为方式，其行为被人理解的可能性与日俱增。观察学习的过程帮助宝宝理解所有的社会角色，而且也有助于宝宝学会使用工具。

6.2 交流能力

早期的声音表达

宝宝出生时，我们一般很少听到他们的声音——除非他们哭闹。但很快，他们用声音表达的手段就越来越丰富。从三四个月开始，宝宝就会发出各种完全不同的声音——他们咕咕叫或高兴地尖叫，用各种音量发出声音，从而实现多种功能。宝宝在与父母的互动游戏中发出咕咕叫的声音是为将来的语言交流做预演。哪怕宝宝是躺在床上，他也喜欢投入这种形式的自娱自乐中。他会尝试去做成人用喉咙、舌头、唾液和嘴唇能做到的一切事情。

让·皮亚杰认为，前文阐述过的***初级循环反应***就是很好的例子。这是一种与身体有关的效应，它是宝宝有意识地制造出来的，目的是为了使自己在重复中感到愉悦。与宝宝一生下来就具备的，能令其积累对周围环境的经验的反射不同，在声音的形成过程中没有自动的运动机能程序。失聪的宝宝比听力正常的宝宝较少呈现发声行为的事实尤其能说明这一点。因此可以这样认为，宝宝最初只是偶然地发出了声音，然后再目标明确地学习反复发出这些声音。在这个过程中，最初与自己身体的交流非常重要。

按照皮亚杰的理论，初级循环反应是***感知运动发展***的第一阶段。感知运动智力的概念同时表达了两个对宝宝的智力发展来说有代表性的方面：其一，宝宝面对环境刺激时的所有应对首先是通过运动行为（感知运动机能）来表达的；其二，由于宝宝亲身体验了自己引发的一些有趣效果，并且会去学习如何故意造成这种效果，因此运动行为也是智力进一步发展的基石。一旦声音进入初级循环反应，它就成了一种主要为宝宝以后开始说话做准备的前期练习，因为只有当宝宝在游戏中练习自己的声音以及身体部位发音的能力，以后他才能目标明确地发出特定的声音。

婴儿最初只是发出咕咕叫的声音，之后便是***牙牙学语阶段***。宝宝现在会将辅音和元音结合起来，重复简单的音节，发出诸如“哒哒”“嘎嘎”或“妈妈”之类的词语。有趣的是，这种牙牙学语很快便表现出母语的特点。咿呀声在德国听起来就与法国不同，因为法国人通常将重音放在第 2 个音节上，而德语的重音通常在第 1 个音节上。显然，宝宝最初的说话方式已与个体的文化环境适配。但是距离宝宝能开始叫物体的名称，则还有很长的路要走。完成这一过程需要以其社交发展中的各种中间步骤为前提，而社交能力又是这些完成中间步骤的关键，共同关注的能力就是其中之一。

共同关注力

婴儿最初在模仿游戏或其他场合中练习与他人交流的过程被称为***一级主体间性***。宝宝从八九个月开始，其社会交际过程进入一个新阶段，此被称为***二级主体间性***。宝宝现在不再只是与跟他面对面交流的人打交道，他还可以与这个人一起跟第三个对象（一样东西或另外一个人）发生关系。举一个情景作为例子：一个成人指着一辆从身边驶过的轿车并说出“车”这个词。只有当宝宝能够追踪该成人的目光、理解他的手势并明白“车”这个词是指什么时，他才能从成人那里学到东西。这个任务对成人来说再普通不过了，但对宝宝来说要求却很高。他已经开始做***目光追随运动***了。要知道，到此时为止已过去很长时间，宝宝一直难以做到盯住一样东西并看清它（上文关于“感知”部分已有过阐述），而现在要他能够解读出成人的手势，或者仅仅是他的目光朝向所代表的意思，弄清成人在看什么或是指什么，就能明白这对于他的能力是多大的挑战。

但在通常情况下，宝宝从八九个月大开始就具备了这种能力。当有人指给宝宝看某个东西时，相较于该东西处在宝宝身后，如果它处在宝宝和这人的共同视野内，宝宝就能更早理解此人指向动作所代表的意义。同样，父母一般情况下会完全自发地鼓励宝宝学会如何追随他人的目光。他们的方式是一开始频繁地指向那些双方正在一起玩的东西（跟这些引起注意力的东西进行目光和身体接触）；然后指向近处那些他们触手可及且能够随后拿给宝宝玩的东西；下一步就是指向那些稍微远一点的并且他们碰触不到的东西（例如，宝宝从车往外看到的动物）。当父母与他们的宝宝朝同一个方向看过去时，他们往往会按照宝宝的视平面指东西给宝宝看。如果宝宝刚好被抱在怀里或坐在父母膝盖上时，父母就常常会用手指东西给他看。在这种情况下，如果某样东西处于宝宝当前的视野范围之外，他就必须转过身来或必须把其他的东西挪走才能看到它，这时进行目光追随运动就有了意义。

可惜的是，每个人的眼睛始终只能要么看向对面的人，要么看向某样东西。也就是说，宝宝必须在脑海中再现物体、母亲和自己这三重组合体中未被注意到的元素。如果母亲指向某样东西并且让宝宝追随她的目光看过去，那么，尽管宝宝的注意力在母亲所聚焦的那个物体上，但他脑海中同时记住了母亲也正在朝这个方向看的事实。这种情况被称为***共同关注***或***三重注意（联合注意）***。

这种形式的注意力是一个非常重要的里程碑，因为宝宝最初学习的词语大多是一些物体或人的名字，而且以后还会在同样的社会场景中出现。一个典型的情景就是看绘本。此时，朗读者和宝宝的注意力都集中在书中所画的东西上，并且双方都清楚，父母所读的东西就是指那些他们在书中看到的图画。对此，宝宝必须已经具备在脑海中再现交流对象和被描述物的能力。父母先观察宝宝在朝哪里看，然后自己也看向相关的东西并且说出它叫什么名字，通过这种方式来帮助宝宝学说话。或者父母自行指向某样东西，然后在说出这样东西的名字之前，看看宝宝是否也朝这个方向看过来了。所有这些都属于直观的育儿行为。

另一种被称为***社会参照***的行为模式常常是与联合注意同时出现的。宝宝在接触陌生人或新的东西时，他首先关注的是亲近的照看人（母亲、父亲或兄弟姐妹）有什么样的情感反应，然后再决定是否要靠近这个人或这样东西，或者最好还是保持距离。这种行为方式为家庭内部发展共同的价值体系奠定了基础。宝宝已经明白了，当他遇到可能有危险的事物时，父母的目光看上去会很排斥，这是在向他发出警告；而如果父母想要鼓励他接触新东西时，他们的目光会完全不同。宝宝将这种对新情景的预期推而广之：只需通过估量父母的面部表情，就可以知道危险是否靠近。

如上所述，迄今为止提到的各方面的能力，如目光追随运动、共同关注力和社会参照等，要等到宝宝 9 个月至 1 周岁时才能观察到。迈克 · 托马塞洛（Mike Tomasello）等研究者将它称为 ***9 个月奇迹*** (nine-month-miracle)。尽管这其实不能说是一个奇迹，而更多地是一种持续发展过程的结果，但“9 个月奇迹”这个名字似乎很有道理。它无疑是智力和社会发展范围内的重要成就。

大约在同一时间，甚至在更早时期，很多宝宝都表现出怯生反应：宝宝此时会对他人表现出一种此前从没有过的害羞感。当陌生人对着他微笑时，他会把头扭到一边，紧贴着母亲；当有陌生人尝试跟他接触时，他有时甚至会哭。陌生人想抱他一下不再是一件容易的事了。这些反应与宝宝在社会领域内能够区别熟人和陌生人的能力不断增强有关。此外，这也说明宝宝已经与主要的照看人建立了密切联系。

然而，要避免在某种意义上曲解这种观点，误认为那些没有或极少有明显怯生反应的宝宝就与他们的父母没有建立密切联系。众所周知，对相较于母亲与他人接触很多的宝宝，或者有多位固定照看人的宝宝而言，那些由母亲独自在家花很多时间陪伴的宝宝更容易怯生。怯生行为也体现了宝宝在多大程度上习惯与他人接触，以及他的性格更倾向于害羞型还是外向型。

6.3 社会发展的里程碑

宝宝天生就对社交抱有极高的兴趣和热情。出生后的第 1 年，宝宝在与他人交往的过程中积累了丰富的经验，其思维的继续发展也因此受到很大影响。他们的社交行为，同时也是其早在开始说话之前就有的一种思想表达。在社交方面，宝宝首先了解到，交流是一种不断进行的互动游戏，游戏时，自己和对方要先后行动，最好能够相互应答一致。这一过程起始于新生儿模仿，而后代之以观察学习。最初，宝宝的注意力集中在脸对脸的直接互动上面，并形成对他人行为的直接期待，也期望在这种社交的关系中，自己或多或少能施加一点影响。在接下来的阶段，宝宝开始在熟人和陌生人之间做区分，并根据父母的要求及其观点作为自己行为的取向，对不同的事物做出不同的情绪反应。在与他人交流的过程中，宝宝学习将身体之外的事物与自己联系起来。为此他需要通过与其交流者的眼神和手势，推测对方可能要表达的内容，或者通过自己的表情和手势，明确表达想要交流的内容。这些社会能力，既复杂，又是一种天性，其典型性要到满 1 周岁时才会被观察到。

上述学习过程的成绩好坏不仅与宝宝自身有关，也与他们的照看人有关。作为成人的父母，其细腻的情感、直观的行为能够提升宝宝在交际中的愉悦感，促进宝宝对自身作用的体验，增强对自身能力的信任感。如果能做到这些，便能鼓励宝宝投入与周围环境的交流中。

在语言方面，宝宝行为方式和交际手段的扩展也至关重要：宝宝开始学说话时，先以发出咯咯的笑声、尖叫声和咕咕叫声来表达诉求，逐渐在他的声音里出现简单的音节，随后不久成为音节的声音越来越多，又出现了双音节，而这些声音已初显母语的特征。简单的原音和辅音组合（例如，“哒”或“吧”）与叠加的音节一起组成了词组或短语，它们成为构成宝宝话语中最初词汇的材料，如“妈妈”或“爸爸”。宝宝也借此成功地进入语言的世界，其思维的发展也开启了一个新的时期，而且越来越强烈地得到言语知识的支撑。

或许会有人认为，到目前为止，所有思维发展的重要条件都已经阐述过来，但事实并非如此。除了宝宝的运动能力、感知和社交能力如何发展等问题，还须弄清楚，宝宝原则上具备了哪些学习和记忆能力。毕竟，能引起兴趣的不仅是感觉器官提供了哪些信息，同样值得研究的还有大脑如何能很好存储这些信息的问题。下文将深入探讨这些问题。

7. 学习和记忆能力

学习和记忆是反应神经细胞之间联系变化的过程。神经元可以建立新的突触连接或解除它们，可在某种程度上与其他特定的神经元紧密相连。或者，突触上的化学过程本身也可能发生变化，从而当神经元冲动到达时，突触会出现程度不一的兴奋。***习惯化***和***敏感化***过程即是后者这种情况，而这两种简单的学习类型在对海兔的深入研究中及在婴儿身上都能观察到。

7.1 习惯化和敏感化

如果在孕妇的肚子上放一台会振动、能嘶嘶发出响声（就像电动牙刷一样）的设备，并让其连续多次重复发出响亮的声音，声波和压力波就会通过腹壁与羊水传播到胎儿耳朵的鼓膜。刚开始，腹中胎儿反应为眨眼、抽搐和心率增加，就像在超声波监视器上看到的那样，但很快他就适应了刺激，当相同的刺激再次出现时，他便会完全放松。这种更多注意新的、较少关注熟悉事物的能力对人类生存至关重要，也是一种最简单的学习形式。习惯化令人具备自动处理日常刺激、空出大脑给更多新事物的能力。

与习惯化相反的概念是***敏感化***。当人面对能真正造成伤害的危险刺激，而且这种刺激还反复出现时，人的反应就会越来越敏感。以刺耳的噪声为例，如果它第一次发生时就毫无怨言地选择了接受，情况只会变得逐渐更糟。幸运的是，母亲腹中的胎儿一般情况下不会直接面对危险刺激，因此，习惯化就成了一种较为常见的学习形式。孕期第 23 周到第 24 周会检查胎儿对刺激的适应能力。从孕期第 30 周开始，习惯反应就会完全发育形成，而且女孩通常比男孩发育得更早一点。刺激出现的频率越高，习惯化效应就越强。它也不会随即消失，而是可以持续24小时。这也是为什么称其为“学习”的原因，因为行为的改变是可持续的。可以看出，胎儿显然已经具有某种***记忆***。

哪些因素会妨碍或者促进子宫内胎儿的学习能力

香烟的烟雾或含氧量低的室内空气已被证实具有不良影响；母亲酗酒等行为同样是妨碍因素；宝宝特殊疾病或遗传异常（如唐氏综合征）也使学习功能受损。此外，高危妊娠通常会导致胎儿学习能力减弱。相应检查通常将超声数据作为材料依据，对运动反应以及生理指标进行分析。

令人特别惊讶的是，未出生的宝宝的学习能力也可用于预测大约 1 年后甚至更晚的智力发育水平。而且根据推测，大约超过 20% 的智力都是可以预测的。因此，子宫中胎儿的习惯性反应是用以提示宝宝大脑功能一般性能力的重要指标。习惯化是一项完全基础的、有神经元参与的学习过程，它一方面与宝宝的感知有关；另一方面又与宝宝适应环境条件相关联。如果从这里加以考虑，那么，以上所阐述的事情就不足为奇了。

7.2 刺激记忆

本文在其他地方曾提到过，宝宝刚出生时会记得妊娠期在母亲子宫中经历的某些事情。因此，它可以识别出自己羊水的气味、母亲的声音以及在孕期后期经常听到的某些旋律。然而，更令人印象深刻的是以德卡斯帕（DeCaspar）和费弗（Fifer）实验为基础所做的观察：实验要求母亲在妊娠末期每天一次大声朗读某个特定故事。宝宝在出生后也立即参与了一项实验，该实验的方法采用的就是本文在“听”一节中阐述过的***吮吸偏好法***。实验时，先测定新生儿自发吮吸频率，随后他们可以通过加快或放慢吮吸频率来决定，是否要通过耳机再播放一遍已听过的熟悉的故事，还是听一个新的。为了能再次听到熟悉的故事，两组受试宝宝中的一组必须吮吸得更快，而另一组则必须吮吸得比平常慢。为了达到这个目标，两组受试宝宝都相应调整了吮吸频率，甚至在换成用磁带播放由另一个女士录制的这两个故事时，他们的做法也未改变。实验结果表明，胎儿甚至可以将自己母亲的非常复杂的声音模式与其他模式区分开，并能记住反复听到的内容。

7.3 记忆和自己的行为

当然，记起已感知事物的能力在出生后不会消失，反而会不断发展，而且现在还会学习更多的能力。宝宝本身是很主动的，会了解并认知自己行为的后果。这首先涉及身体部分：当母亲腹中的胎儿到达子宫末端时，空间变得非常狭窄，他的活动余地很小。但一旦宝宝降临到世间，这一切都将发生巨大的变化。那将是很长一段时间以来的第一次，他终于可以伸展胳膊和腿，转动或伸展躯干和头部。他将经历从未有过的体验，例如，体验空气进入他的肺部时的感觉、叫喊时声音的强度等。他的体表会经受各种不同类型的刺激，如接触肌肤，感受空气，体验洗澡水、奶油、毛巾、纺织品以及各种柔软、坚硬、或粗糙或光滑、或温暖或寒冷的物体。宝宝的现状赋予他一个新的维度，他不但能感觉到，而且可以同时看到某些东西（虽然一开始看得不清楚），并且经常还能听到一些事情。新的环境激励他以***感觉统合***的名义，把更多的感官体验联系起来。

新生儿模仿实验证明，宝宝很早就能将感知与自己的活动联系起来。他似乎在那里观察他人的具体行为（面部表情及手势），并将其直接移植到自己的肢体行为中。但是，也有神经心理学家认为，这一成果并不能归因于有意识的神经信息处理，而应归因于所谓的***镜像神经元***，即能被特定触发刺激（例如，有特定运动模式的面部感知）激活、能预感或者诱发具体反应程序（这里指某种类似手势的指向）的神经元存在。从成人的角度来看，人们可能会认为这是模仿，尽管如此，这种行为背后的机制却无法与控制后续模仿行为的机制相提并论，因为宝宝还无法对他们看到的东西进行思考。

通过利用各种不同的反射，宝宝在与社会环境中的事物和人的打交道方面有了初步的经验。从生命的第一天开始，宝宝就在处理所有这些新信息。他们学习预测或重复某些身体经历。众所周知，皮亚杰将此称为***循环反应***。这个概念很好地表明，宝宝首先要学习的是如何能不断地营造出有趣的效果。如果这种效果与宝宝的身体有关，即是所谓***一级循环反应***，吮吸拇指、吐出气泡、发出声音等都属于这类反应。可以看出，在一级循环反应中，宝宝也经常超越应用简单的反射模式的范围，系统地尝试自己的身体能力。这种需求是运动机能进一步发展的重要动力。

皮亚杰把宝宝想造成一个能涉及其他客体的有趣效果的行为称为***二级循环反应***。此类反应包括摇晃玩具，踢被子，移动手机或抓住玩具。在学习这样做的过程中，宝宝首先要依靠的还是自己已拥有的各种反射和自己的活动，试想，如果他没有这些天生的行为能力，自己也不愿做任何事情，他也就无法获得创造有趣效果的经验。尽管如此，想要从有创造效果的能力出发达到能对效果进行思考的彼岸，他还有很长的路要走。即使是老鼠、鸽子或猴子等动物，它们无须做任何思考，也能学会通过行动来影响其所处环境。

7.4 联想学习和行为偶然性

由于不同的事物之间存在相互联系（相关）的关系，动物或宝宝在其发出的行为与环境中发生的事情之间，或在不同的感官体验之间系统地建立关联，这种行为被称为***联想学习***。

联想学习有多种形式，其中最著名的大概是俄罗斯学者巴甫洛夫的***经典条件反射***。他在用狗做了广泛的实验研究后发现，如果在某种触发反射（如唾液分泌增多）的刺激（如食物）之前还进行另一种中性刺激（如铃声），那么多次重复这一中性刺激同样也会触发该反射。

经典条件反射概念同样适用于很小的宝宝，只是长期以来，这种学习形式的重要性被人高估了。有观点认为，母爱的产生仅缘于一个事实，即母亲给宝宝哺乳。在这种情况下，触发非条件反射和满足感的刺激（母亲乳头刺激宝宝的嘴导致吮吸和吃奶）与中性刺激（宝宝注视母亲的脸）关联在了一起，而此后，宝宝只要看到母亲的脸就会激发积极情绪。依恋关系的产生途径更为复杂，这一点现在已众所周知。下文将详细讨论这个问题。

联想学习的另一种形式是***操作制约***（工具制约，工具学习），即任意行为可以通过后续奖励而增强其出现频率。下述实验为这种联想形式提供了很好的例证：实验时，新生儿学会了通过更快或更慢地吮吸（奶嘴），以便能听到母亲的声音，听到熟悉的故事或旋律。这些刺激起到了上述概念提及的增强作用。但特别值得注意的是，宝宝在学习方面具有高度的灵活性。因此，绝对可以训练宝宝把实验步骤倒过来做，即让那些先是通过加快吮吸速度才能听到熟悉声音刺激宝宝，随后学习通过放慢吮吸速度以获得相同效果（反之亦然）。

由此可以确认，新生儿能习惯刺激，能在自己的行为及其后果之间尽早建立联系。然而，一个令人兴奋的问题是，宝宝对这种联系的记忆到底能持续多长时间。关于这个问题也进行过研究，其中最重要的研究课题是由卡罗琳·罗韦-科利尔（Carolyn Rvé e-Collier）设计的。实验时，她先将宝宝放在一张带格栅的小床中，并用一种检测宝宝运动神经活力的装置——***稳定测量器***检查其自发性的蹬踏反应。随后，她在宝宝床上挂了一个活动装置，并用绳子把它绑在宝宝的腿上，宝宝腿一动便能使活动装置晃动。虽然宝宝仅几周大，但他们很快就能学会通过腿部运动使头顶上的有趣的部分晃动。因此，宝宝的蹬踏反应频率明显增加。皮亚杰也对自己的实验对象做了同样观察。他为了能够测试宝宝对这种关联关系的实际掌握程度，在实验的下一阶段，悄悄解开了系在活动装置上的绳子。这样一来，活动装置的晃动和宝宝踢腿之间的直接联系就看不到了。尽管如此，宝宝仍然奋力踢腿，甚至比平时踢得更频繁，他们似乎在期待有趣的效果会再次出现。从宝宝的这种行为中可以得出结论：他们已经记住了自己的身体反应与活动装置反应之间的联系。

这种学习效果会持续多久

答案可以从以后某个时间点重新进行的相同实验中得出：把父母和宝宝重新请回实验室，先将宝宝放回有格栅的小床上，在头顶没有悬挂活动装置的条件下，测量出宝宝蹬踏反应频率；然后重新挂起活动装置（但绳子没有真的将宝宝的腿与活动装置绑定）；再次测量蹬踏反应频率，随后比较两次的测量值。实验结果表明，仅出生几个月的宝宝保存相应记忆的时间长度呈明显增加的趋势。两个月大的宝宝，只有在完成首次测试后的次日再次测试，其蹬踏反应频率增强的现象才会出现；同样的现象出现在 3 个月大的宝宝身上时，两次测试的间隔时间已至少 8 天；而对于 4 个月大的宝宝，其相应的时间则至少为 14 天。然而，如果活动装置挂在另一张床上或挂的东西和原来的不一样，而且学习和测试两个阶段之间的时间间隔又很短时，宝宝几乎就识别不出来了。但如果稍后再测试一次，宝宝的成绩却又更好一些。这乍一看令人惊讶，但如果仔细考虑一下，似乎也是合理的。因为宝宝可能一开始很难把在具体的情景中学过的东西相互联系起来，但在经过较长的时间间隔后，一些保留的细节显然又被记起了。所以，虽然活动装置不是原来的那个，但它也一样能刺激宝宝增加蹬踏反应频率。

也有人推测，支配前述隐性记忆力的是小脑。它是一种与运动机能学习有关的脑部结构。小脑在宝宝出生后仍会经历重要的成熟过程，尤其是该结构中的神经细胞逐渐会被绝缘层（髓磷脂）包裹，从而确保随着年龄的增长，神经元冲动的传递更加有效。

如上所述，宝宝在面对相同或非常相似的刺激时能记起过去的经历是记忆和学习这两个形式的前提条件。通过补充记忆中与情况相符的行为，宝宝证明了他已学到了一些东西。这一点在整个行为链（反应链）中甚至都能发挥作用。父母可以通过将期望的行为与固定的仪式相结合来充分利用这种学习方式：宝宝确实很累了，母亲让其上床睡觉，入睡前，先重复一遍固定仪式（例如，先对宝宝说“现在是睡觉时间了”，然后喂奶、脱衣服、盖被子，接着拉上帘子，给他安抚奶嘴，接下来给八音盒上好发条，最后再给宝宝一个吻，并说晚安）。这样一来，母亲很快就不会再有哄宝宝入眠的问题。仪式步骤固定，坚持每天晚上重复进行，这样就可以使宝宝有机会逐步熟悉事件发生的顺序，并预测下一步将会是什么。上述每一个步骤都会在心理上为宝宝做好睡眠准备，并使他有机会越来越多地参与到这种情景中。

宝宝最迟三四个月大时开始重视各种各样的仪式。无论是洗澡、吃饭还是进行其他日常活动，仪式都能使宝宝在早期获得对环境的掌控感。这种感觉增强了宝宝积极、开放地应对环境的能力，因为宝宝在这里能体验到可预测和可靠的环境。尽管这种类型的联想学习并未基于狭义的思维过程，但仍然十分重要。即使是动物也是可以学会记住事件链和行为链并做出相应反应的，这一点可以从小动物演出的杂技中得知。若想要了解人类的思维，就必须认识到，这里事关一种能力，即主动处理经验的能力，它远胜于一项简单的杂技特技。

总结

宝宝是携带着各种被解读为思维先决条件的能力来到这个世界的。本人在上文的阐述中已经指明，即使是新生儿，从他们生命开始的第一刻起，就具备能积极应对环境的反射。但他们的神经运动机能却是在0～1周岁这个阶段继续显著发展的，他们先是接触周围环境，随后是探索稍远的空间，他们的学习效果不断改善。此外，从他第一次呼吸开始，宝宝就具备不同的感知能力，只是不同感官的感知方式之间存在成熟程度和发育速度的差异。如果说复杂的声音刺激（音乐、语言）在胎儿时期显然已能进行处理，那么宝宝对视觉感知的处理相较于成人却要等其6个月后才行。前文另外还确认，即使是新生儿，他们也可以与其成年照看者进行非语言交流，并通过模仿和观察从成人那里学到很多东西，在这一过程中，宝宝的语言能力也随之迅速提高，快到1周岁时就能听懂和说出词语了。这标志着宝宝开始进入了语言交流阶段。前文最后还对宝宝学习能力随年龄变化的情况做了记录。这里值得注意的是，宝宝从一开始就在有限的范围内表现出了***非联想学习***（习惯性、敏感性）和***联想学习***（偶然性学习）能力，随着时间的推移，他们记忆事物、事件和人的能力还会大幅度增强。

本人观察的总的关注点在于要阐明一种观点，即不能将思维过程的出现与神经运动机能、感知或者社交等方面的能力发展孤立起来看待。各个不同方面的能力发展相互关联，密不可分。它们相互影响，在宝宝学习思考方面起到了协同促进的作用。在接下来的一章中，本人将就各个局部能力发展的具体时间表进行阐述。这对于回答思维产生于何时、以哪种形式出现等问题非常重要。

3

思维是如何产生的

宝宝很早就能够学习并能记得所学的东西，这表明他们的智力活动从一开始就很活跃。不过，从这些基础能力发展到更高级的思维过程，还需要经过漫长的道路。这条道路上的第一个里程碑，是宝宝能在思维中再现外部事物，哪怕他并未实时感知到它们。只有当宝宝具备了思维想象，能够主动唤起记忆，将它们在脑海中进行组合并借此在头脑中创造出新的事物时，才算到达了那个真正被称作思维的阶段。

首先要弄清楚的是，宝宝是何时开始能够将周边环境中的事物在思维中再现出来的。如果说，能够回忆起某物就能够算得上是一种思维再现，那么，新生儿就已经具备这种能力了。然而，本文到目前为止所讨论的早期记忆力在很大程度上只限于一种***再认知***（***recognition***）。当宝宝身处一种与某次经历相似的情景中，并重复地得到一种刺激，那么，他的反应与没有事先经验时的反应会有所不同，甚至母亲腹中的胎儿也是如此。这就是所谓的***习惯化***。不过，这种记忆形式根本不能与宝宝在时空上脱离了某个具体的情景而忆起某个事物的能力同日而语。在这种***主动回忆***（***recall***）中，宝宝用内在之眼观看一个物件或一个场景，并能自行决定将注意力投放在什么地方。在一些发展心理学方面的早期论著中，一再出现下面的说法：宝宝在满 2 周岁前，甚至要到 3 周岁才能够主动地去记忆某些东西，而且这一发展经常还被归因于最初产生的语言能力。神经科学获得的最新认知对这一论点提出了疑问。研究证明，人在想象时所激活的大脑区域中，有一部分是与进行原始感知时重合的，而语言处理中枢并不一定参与其中。

尽管思维想象的存在并不必然和语言相关，想象图像更近似于模拟感知，但是，直接感知和简单的再认知之间依然存在着重要区别：脑中再现的事物可以通过重新组合而创造出一个内在世界，在那里能对各种各样的可能性进行任意的试演，或者对事件做出预期。现实中根本不存在的场景也可以在这里出现。这对于解决脑海中模拟某些过程等问题尤其重要。

究竟如何确定有思维再现的存在呢？就这一问题也有深入的探讨。最初思考这个课题的依旧是让 · 皮亚杰。他认为，宝宝对现场未见的物或人的想象力是思维再现的必要条件。一旦宝宝看到母亲、听到她的声音、嗅到她的气味，就能认出她来，这是一回事；宝宝心里有一幅母亲的图像，当她不在场时，也能有针对性地回忆起她的外貌、声音、气味、动作或她的其他方面，则是另外一回事。只有这样，宝宝才会思念或寻找母亲，梦见她或者想有关她的事情。但这种情况何时出现呢？许多年轻的父母会提出这个问题，比如说在他们为了工作而不得不让宝宝独处一段时间的时候。

关于母亲、父亲或其他事物的内在图像是如何产生的问题，我们很难去探究，只能间接地去推断它们的存在与否。方法论上的问题长久以来为人所知，早在对各种感知能力的研究中，这一问题就已引起重视。当时，研究者要根据***转头反应***来推断气味偏好，或者根据***吮吸偏好法***来推断宝宝重新识别故事的能力。与研究成人思维的心理学家不同，宝宝研究者无法向宝宝发问，他们必须分析宝宝的行为并寻找思维过程的间接提示。

根据目视行为来推断视敏度，这其中的关联似乎能直接验证，但倘若要根据视线方向来推断思维想象，就需要走阐释这一步了。在那些试图理解更高级的思维功能的研究中，目光时长通常被作为参量，因此很多科学家都对以下假设持怀疑态度：2 周岁以内的宝宝就已经能够有意识地进行思考。深究起来，在针对已经能够说话的、年龄较大的宝宝的研究中，也存在着类似的阐释问题。或许，认为一个人对自己思维过程的了解能像看到镜中的图像一样清楚，能准确地陈述他头脑中发生的事情只是一种幻想罢了。这种想法只有在假定思维完全是以语言的形式再现的前提下才有意义。大量社会心理学和普通心理学实验显示，比起口头陈述，直接的行为观察得出的有关想法和动机的资料，说服力往往要高出许多。在评价一个好的宝宝研究实验时，并不一定要看它的测量方法与对象过程贴合的紧密程度，而是要看它是否能通过附加控制条件来尽量排除其他的阐释可能性。

因此，相较于第二章，本章将更为深入地、批判性地讨论那些为获得各种认知而采用的方法。这有时会比较复杂，而且读者很快便会发现，细节往往是最致命的。另外，听任所谓宝宝思维的“真相”传播，也不去追问研究者们是如何得出这些结论的，这种做法未免有失严肃。恰恰是因为对宝宝的想法真正感兴趣，才更要去弄清楚哪些结论是值得信赖的。下文中，本人将对各种不同研究进行介绍，它们均与想象图的产生有关，因为这是有意识思想行为的必要前提。介绍先从***物体恒存性***研究开始。这里的问题是，宝宝是从何时开始能够在思想中想象那些他们当时并未感知到的物体。

1. 从现实客体到思维客体

宝宝思维中再现物体的能力究竟何时才能被确凿无疑地验证到？关于这个问题，发展心理学家的意见尚不统一。这一现象很好地表明了，宝宝研究者面临着怎样的方法论难题。

1.1 关于物体恒存性的研究

“物体恒存性”这一概念有很深的让 · 皮亚杰烙印，他对这一能力发展的各个阶段进行了描述：可以观察到，出生仅 1 个月大的宝宝，其目光会长时间地追随出现在他视野区域内的物体，如某件玩具。一旦这件玩具短暂消失在其他什么东西背后，宝宝便会移开视线，就好像这件玩具从来没有存在过一样。他也从未准备用眼睛或双手去寻找那件被隐藏起来的玩具。父母离开房间时的情况也是如此。到宝宝 2 个月大时，情况就已经有所改变：这时宝宝会盯着自己的欲求之物消失的地方，仿佛是在等着看这件有趣的东西会不会再次出现在那里。如果某件玩具的一半被其他物体遮住了，宝宝的目光便会去寻找它；从 4 ~ 8 个月大的宝宝身上可以观察到，原来半隐蔽的物体即使现在完全消失，他已伸出手去抓握该物体的动作仍会持续下去；8 ~ 12 个月大时，宝宝会去寻找完全隐藏的物体。因此，当他事先看到有成人在玩具上盖了一块布，便会掀开这块布。皮亚杰认为，这最后一步能够证明宝宝到达了***简单的物体恒存性***阶段，因为他主动展现了对物体的惦念。附加词“简单的”已

经说明，作为一种新获得的能力，在思想上再现物体并非在所有情况下都能成功。但至少可以确定，随着宝宝年龄的增长，维持物体再现所需要的信息会越来越少。

有趣的是，相比于不熟悉的对象，当宝宝面对非常熟悉的对象时，如母亲或父亲，则更早地表现出物体恒存性。这大概表明，对一个人或一件玩具再次出现的期待或许是在一个个具体的情景下习得的。

如果给8～12个月大的宝宝看一个物体，如一辆玩具车，并将该物体藏进A罐子里，然后问他们："我把玩具藏在哪里了呀？"那么，他们肯定会把手伸向那个正确的罐子，将那件玩具重新拿出来。然而，当实验操作者拿来两个罐子，首先将玩具放在A罐子里并让宝宝在那里找到它，紧接着在他眼前将玩具藏进B罐子里，宝宝的行为就会与之前有所不同。他们这下遇到了困难：如果允许他们立即伸手抓取，则大多数8个月大的宝宝就可以正确地完成任务，到B罐子里抓取。但如果间隔时间达到约5秒钟，那么哪怕9个月及以上大的宝宝也会在正确的地方先寻找，其他的则会将手伸向他们前一次正确找到玩具车的那个地方。抓取行为的时间间隔延长为10秒钟时，只有12个月大的宝宝能够正确完成。看起来，宝宝在间隔一段时间以后似乎只能记得之前获得过成功的行为，而完全忘了看到过玩具车最后是被藏在了另一个地方。

如果这项任务再复杂一些，那么12个月大的宝宝也无法成功完成。比如说，当人们将一个物体首先放在A罐子里，让他成功找到，下一步，将物体再次放进A罐子里，随后（当宝宝还没来得及伸手抓取它时）在他眼前将物体从A罐子转移到B罐子里。这时可以观察到，宝宝会像这之前一样在A罐子里寻找，即便他曾亲眼目睹这件物体是如何从A罐子被转移到B罐子里的。直到宝宝18～24个月大时，这一***A非B寻找错误***才最终得以克服。这时，即便物体经过了多次的位置变换，宝宝仍然能够立刻在正确的地方展开寻找。后续研究表明，该项任务的成功取决于不同的框架条件，例如，宝宝在多长时间后才允许去寻找物体，或取决于两个藏匿位置之间的空间距离。

皮亚杰在诸多不同的文化中对他的观察进行了反复的确认。按照他的阐释，这类观察的结果均提示，未满 1 周岁的宝宝并不具备凭自身当时的感知确认物体时空存在的能力。同时，他也指出，物体恒存性在宝宝 2 周岁期间还会发生决定性的变化。但他在研究结论时并没有考虑到，年龄较小的宝宝之所以无法完成其任务，或许还和测量方式有关。

皮亚杰想确认，宝宝有目的地尝试去除遮蔽物是否是为了要抓取某件物体，并想据此判断这里是否存在简单的物体恒存性。但也存在一种可能，即年龄较小的宝宝尽管再现了被隐藏的物体，却无法表现出相应的行为去证明这一能力，毕竟他们在空间感知和精细运动机能方面仍有困难。要想拿起盖子或扯走一块布，都对这两方面的能力有一定程度上的要求。此外，宝宝必须同时做许多事情：记忆物体的位置并同时组织起一个寻找行为。如果一项任务要求他们同时完成多重工作，他们便很容易失败。

观察还发现，年龄较大的宝宝看到了物体从 A 换到 B，却也无法正确地完成任务，这一现象或许也与测量方式有关。例如，宝宝先前已成功地在 A 处找到过某物，可现在只能在 B 处找到它，这种情况导致了错误的产生。尽管宝宝也许更清楚，这里只要求他们将先前成功做到的行为再重复做一次就行了，但他们的思想有可能还是难以实现转换。与这一解释相符的观察是，宝宝此前在 A 处寻找的次数越多，出错的可能性就越大。还有一种情况也可以说明这一点：虽然他们一般会抓取 A，却曾将目光投向 B，当在 A 罐子里面什么也没找到之后，就会立刻去 B 罐子里抓取。许多研究者据此推测，大脑对行为和冲动的控制问题构成了解释“A 非 B 寻找错误”的决定性因素。所以，通过对宝宝寻找行为的观察可知，其思想中能否再现物体只能进行有条件地分析。

如果不允许立即寻找，就必须在两种行为之间做出决定，其中一种行为（在错误的地方）已经成功过一次；另一种行为（在正确的地方）则与最后看到的画面相符。为了发起正确的抓取行为，宝宝必须权衡两种行为并更重视后者。这一信息整合的复杂过程并不是一开始就能成功的（此外，黑猩猩也会犯同样的错误，而且随着年龄的增长也无助于克服这个错误）。

前额叶皮层位于人们大脑的最前端，也是最晚进化而来的部分，它负责控制行为。人脑的这一区域在比例上来说远大于其他物种，且直至青少年时期仍在不断发展。人们基于这一点猜测，宝宝的早期错误可以归因于大脑尚未到达的成熟过程。有趣的是，前额叶皮层上对支配目视运动来说尤为重要的那部分，即***额叶眼睛区域***，能比其他区域更早地正确工作。由此也可以解释宝宝研究中一再被确认的观看和行为之间的偏离，宝宝通过目视行为表现出正确行为的时间，要远远早于通过双臂和双手给出的神经运动反应。

上述解释表明，在宝宝研究中，必须始终考虑到实验任务所带来的要求以及所采用的测量手段。这一点非常重要，因为，实验任务往往对宝宝的能力有诸多要求，但实验者对于那些能力却思之甚少。忽略了这一点，阐释观察的结果时就容易出现错误，会对宝宝的能力做出过高或过低的估计。

基于这些思考，物体恒存性开始较晚这一结论遭到了一些宝宝研究者的质疑。他们认为，当人们用一项相对简单的、仅以目光移动作为参考变量的任务来测试这一能力时，就能证明，宝宝很早就已经具备对物体进行思维再现的能力。蕾妮 · 巴亚热昂（Renée Baillargeon）和她的同事们所做的实验提供了一个著名的范例。这些实验能够非常好地说明，想要追踪宝宝思维的蛛丝马迹，宝宝研究者需要具有十分丰富的想象力。

1.2 翻转桥实验

蕾妮 · 巴亚热昂和同事们的研究对象大部分是 3 ~ 8 个月大的宝宝。按照皮亚杰的说法，这是一个尚不具备***简单物体恒存性***概念的年纪。这个被称为***“翻转桥范例”***的实验用到了一块矩形木板，该木板通过铰链被安装在桌面上。宝宝坐在桌边的高凳子上，看到木板先向前翻转完全靠近自己，接着又向后翻转完全远离自己，就像一座翻转桥一样。木板的前后翻转交替进行，每翻转到一边都以平置于桌面为止，即木板转动了 180°。如果木板与桌面垂直竖立，便会挡住宝宝的视线，让他完全看不到后面被木板遮住的东西。

让宝宝一直观察这一简单的翻转运动，直到他对这一幕感到无聊为止。然后让木板停止运动，平置于宝宝面前的桌面上。接下来，当着他的面将一个木块放置在木板的运动路线上远离宝宝的那一边。从宝宝的视角出发，木块仅在翻转运动的特定阶段才看得见。一旦测试人员将该物体在正确的位置放好，木板就会再次开始转动。现在，宝宝交替看到两种测试场景：在第一种场景中（从物理学角度看是不可能事件），即使木块存在，木板仍会完全向后翻转（物体经由一个机关落到地上），其翻转行为与先前习惯化阶段完全一致；在第二种场景中（从物理学角度看是可能事件），木板向后翻转，一旦碰到木块的上缘部分便会停止运动。这一运动对宝宝而言是新鲜的，因为它与习惯化阶段的运动有所不同。

蕾妮 · 巴亚热昂曾考虑，当宝宝尚不具备对物体进行思维再现的能力时，运动停止的测试场景应该会引起他们更强烈的兴趣。他们看到木板的运动不同于之前，这必将引起他们的好奇心并使得他们花更长的时间去观察。与此相反，那些已经能够思维再现木块的宝宝在看到木板遇到障碍物却依旧完全向后翻转时，将做出惊讶的反应，而根本不会觉得新的运动有趣。因为我们知道，一般宝宝和成人都会花更长的时间注视那些他们认为不寻常的东西，对于熟悉的东西则注视时间较短。根据巴亚热昂的设想，通过两种测试场景中的视觉偏好研究，或许可以确定宝宝是否已经具备物体再现这一能力。

物体恒存性翻转桥实验

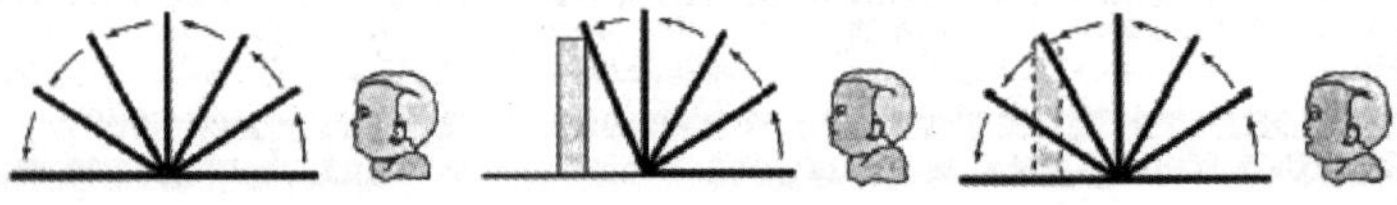

在***习惯化阶段***，让宝宝熟悉一块木板向前和向后交替翻转从而靠近或远离自己的运动。然后，令木板停止运动，并将一个物体放置在它的运动路线上。

接着交替展示两种不同的***测试场景***：

在可能事件下，当木板碰到物体上缘部分时即停止翻转。在不可能事件下，木板的运动与习惯化阶段完全相同。

通过这种方式检测，宝宝注视不可能事件的时间是否会长于可能事件。

作为对照，相同的实验不用木块又进行了一次。此时宝宝在测试场景中看到木板要么翻转到桌面，要么在空中停留。为了明确宝宝在观看木板翻转至平面的过程中，无论障碍物存在与否，其原则上是否更关注某一场景的问题，设置这一对照条件似乎是有必要的。

研究发现：3个半月大的宝宝，已经会在有木块的条件下，更久地观察木板在实验中翻转至桌面的情形，而在没有木块的条件下，更久地观察木板在中途停止运动的情形。两组实验中，宝宝的反应截然不同，相比意料之中的事件，他们都会更久地观察不可能事件。

后来，巴亚热昂还对上述实验进行了扩展，将不同大小和坚固度（一块可以揉皱的海绵）的物体放入翻转桥的翻转线路中。此时，宝宝似乎预设了，相比于线路中较高的物体，当物体较低时，木板向后翻转的距离较远。然而这仅适用于坚实无弹性的物体。

总而言之，上述观察似乎体现了一种能力的早期发展，即对不在眼前的、具有某些特征的物体进行再现。然而，恰恰是这一能力遭到了其他研究者的否认，巴亚热昂的阐释也总是被质疑，尤其重要的一个论据是，她所得出的结论在独立实验室中并不能被复制，而稳定且有说服力的研究结果必须具备可复制性。重复实验失败的事实给出了质疑的理由并清楚地表明，结论并非确凿无疑。此外，还必须注意的是，年龄较小的，尤其是 3 个半月到 6 个月大的宝宝其实还不具备很好的空间感知能力。这一点对理解大小与距离的比例，从而形成木板翻转距离的具体预期来说是很重要的。最后一点，一些研究者还指明，宝宝在特定情况下观察他们熟悉事物的时间也可能长于那些对他们来说不熟悉的事物。模型计算恰恰为“翻转桥范例”证实了这一点。

就算巴亚热昂的阐释可以成立，但也要知道，物体消失在宝宝视线中的时间是很短暂的（大约 2.5 秒），思维再现这些短时间未见的物体完全不能简单地与通常意义上稳定的思维想象画等号。感知的对象只是短暂地离开了人的视线，还是较长时间地离开（例如，离开了房间的母亲），两者之间绝对是存在区别的。在心理学上，后者更能引起兴趣，这也正是皮亚杰所指的物体恒存性。宝宝的物体恒存性能力是逐渐发展而来的，他们先是能在思维中短时间地，接着是较长时间地，最后能很长时间地再现一个对象。“A 非 B 寻找错误”的研究结果说明，这一点很容易用“翻转桥范例”来进行测试，只要通过改变翻转运动的速度就能做到。但据本人所知，这样的实验目前还没有人做过，或许是因为该范例仍存在争议的缘故。

总之，基于这些考虑可以推测，***简单物体恒存性***，当它涉及短时间的物体再现时，会发展形成于宝宝出生后 6 个月内，最晚到 8 个月时便可以清晰地验证。更长时间的物体再现会在宝宝接近 1 周岁时形成。它首先涉及高度熟悉的事物（例如，关系密切的照看人），不久之后也会涉及新的、不大熟悉的事物。如果人们将寻找完全遮蔽物体的行为作为标准，那么，间隔时间，5 秒以上的物体恒存性要等到宝宝年满 1 周岁以后才能确证。如果要求宝宝同时再现被寻找物体的位置变换，并且在寻找过程中正确结合看和抓的动作，则必须等宝宝长到 2 周岁，此后他们才能独立自主地完成相应的任务。

如果假设未满 1 周岁的宝宝就已经形成了对物体的思维想象，那么首先面临的问题就是，到目前为止并不清楚宝宝思想中再现的究竟是什么。有一种可能是，他仅仅只是在想“这是一个东西”，而不去仔细回想相关对象的具体特征。在这种情况下，宝宝或许会想起这是曾经出现的“某物”，但却不知道这个某物的外观，或是它呈现了什么。有些学者称这种物体为***占位物体（目标物体）***。第二种可能是，宝宝回忆起与物体外观或行为相关的具体特征。这种物体被称为***个性化物体***。

哪一种可能性更符合实际呢？这是个令人兴奋的问题，毕竟某个特定的物体是否能独立于空间和时间而存在于宝宝的想象中，需要他同时记住该物体的很多特征。这对成人而言一般不是什么难题，因为成人能毫不费力地整理物质的东西，并自动将其归入能够命名的类别。这种情况被称为***自上而下的过程***，它是指事先掌握的知识影响人的感知。基于这种前识，人会对某些特征给予特别的关注，并且能很快将某个已知的物体认定为某种特定类别（例如，椅子）的样本，并回忆起它来。

对宝宝来说，身边几乎所有的东西都是新的，真正熟悉的东西很少。宝宝的年龄越小，这一说法就越准确。对婴儿而言，连同典型特征一起再现那些暂时离开他们感知范围内的物体还是很难做到的。当成人面对一种物质，而且对其意义知之甚少时，也会出现类似的情况。试想一下，如果较短时间内向您展示一个汉字，然后将其遮住，您能准确地说出接下来揭开的汉字与此前展示的是同一个字吗？如果您和我一样对汉学了解甚少，那么这必定会是一个难题。中国人或许会觉得这个任务很简单，因为汉字对他们而言是有意义的。

即使宝宝对物体特征有完美的记忆，他们也依然不知道，当他们看不见物体时，该物体能够发生哪些改变。而洞悉这些也要求有大量的、在后天获得的经验。徐飞（Fei Xu）和苏珊·凯莉（Susan Carey）关于物体个性化的实验对此给出了明证。

2. 物体个性化研究

假设您看向一个舞台，舞台中部被一面墙幕遮住。墙幕右侧边缘出现了一辆货车，车朝舞台右侧边缘行驶一段距离，在那里稍作停留后折返，直到再次消失在墙幕后方（这也是它出现的地方）。然后，墙幕左侧边缘出现一只猫。猫向舞台左侧边缘走去，在那里稍作停留后折返，直到最终消失在墙幕后方。这一过程总共重复 4 次后，***习惯化阶段***结束了。随后开始进入***测试阶段***，两种场景交替进行。

（a）墙幕升起，可以看到货车和猫。

（b）墙幕升起，可以看到货车***或者***猫。

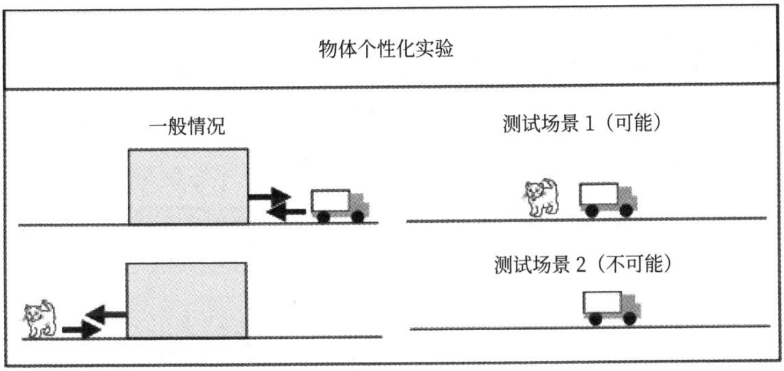

宝宝在***习惯化阶段***会看到一侧的车辆和另一侧的动物是如何在墙幕后方交替出现并再次返回的。

在***测试阶段***，墙幕升起，可以看到两种场景中的一种。

测试场景 1（预期）：两个物体均处于墙幕后方。

测试场景 2（超出预期）：只有一个物体处于墙幕后方。

对您来说，哪种场景更有趣呢？或许是第 2 种，您可能会好奇另一个物体会在哪里，因为两个物体原本都应该在墙幕后面。我们现在假设一下，您还不具备同时再现两个物体特征的能力，或者您认为货车可能会变成猫，又或者猫会变成货车，那么，当您看到测试场景 2 时必然会感到惊讶，因为这里突然一次出现了两个物体。

相比之下，12 个月大的宝宝更偏爱出现两个物体的测试场景。然而，只要同龄宝宝在习惯化阶段曾经分别于墙幕的左右两侧看见过猫和货车，这一偏好模式就会完全颠倒过来。有这种经历的宝宝会偏爱只能看到一个物体的场景。这又该如何解释呢？

设计实验的两位学者徐飞和苏珊 · 凯莉对实验结果做了以下解释：接近 1 周岁的宝宝还需要时空方面的提示，才能构建并维持一种物体再现。宝宝如果同时看到两个位于不同位置的物体，他会在思想中为每个物体设立一个专属的***物体文件***（例如以这样的方式：一边有***某物***，另一边也存在着***某物***）。在习惯化阶段，彼此分离的两个物体的思维再现通过在各自的位置重复出现和消失，在记忆中反复被唤醒，从而逐渐被保存下来。这样宝宝随后便能明白，肯定在墙幕后面有***两个***物体，因此当测试场景中只出现了一个物体时，他们便会做出惊讶的反应。

但如果在测试前阶段的条件中，两个物体没有同时呈现，宝宝的行为便会是另外一个样子：他们在这里还不能仅凭两个物体的外观信息来推断墙幕后方隐藏了两个彼此分离的物体。按照徐飞和苏珊·凯莉的观点，1 周岁以下的宝宝还无法同时建立起多种细节性的物体再现，并将它们保存在记忆中。

如果使用两种外观差异很大（一条狗和一辆货车，或者一只兔子和一辆拖拉机），而且动作完全不同（狗在跑，兔子在跳，而货车或拖拉机在行驶）的物体进行实验时会发生什么？在海德堡，安德里亚·维特克（Andrea Wittke）、吕塞特·巴博切（Lysett Babocsai）及本人一起对这个问题进行了研究。实验者认为，即使在两个物体开始运动之前不将它们同时呈现在宝宝的眼前，在上述条件下仍然可以帮助宝宝构建两种彼此独立的物体再现。然而事实并非如设想的那样。实验时，10 个月大的宝宝依然长时间地观看两个物体同时存在的测试场景。

对于这一结果可以有两种解释：要么这个年龄的宝宝确实还无法在思维中构建两种彼此分离的物体再现；要么就是他们十分偏爱同时出现两个而非一个物体的测试场景，即使之前在习惯化阶段已形成的期待也不能改变这种偏爱。不过，也有反驳第 2 种可能性的其他实验存在，在这些实验中，年龄更小的宝宝恰恰是看一个物体的时间更长，超过了有两个物体存在的测试场景，因为他们期待的原本是两个单独的物体（在讨论宝宝成长过程中的数学思维发展时，我们还会提到几个这一类的实验）。为何对 10 个月大的宝宝来说，同时再现两个带有特征的物体的难度会如此之大呢？

对此有各种不同的解释。首先要考虑到的问题是，宝宝要想根据外部特征识别出物体先要经过练习。对成人来说，很容易能做到这一点。众所周知，某个物体长了一张猫的脸，有一条细长的尾巴和特定的身体形状，它就是一只猫；而另一个物体是由一个驾驶室、一个货仓和 4 个轮子组成的，它就是一辆货车，几乎所有的货车都是这个样子的。成人根据物体的外在形象及其特定的行为对它们进行归类，并且在脑海中用一个相应的词给定其名称，以帮助人精确地总结那些所感知的东西。这样，人的思维能力就被释放出来，能有利于集中对场景中某些关键细节的注意力，或通过对思考所得出的关键结论来深化对该情景的理解。

徐飞是前文提到过的两位学者之一，也是***个性化范例***的创建者，她曾自己做过以下实验：在这些实验中，使用熟悉的物体（从受试宝宝的宝宝房中拿出的玩具），或者当其从墙幕后方出现时使用不同名称称呼的物体。在这种情况下，10个月大的宝宝也能在没有额外的时空信息的条件下，形成对墙幕后有两个物体的期待。测试时，他们会更长久地关注只有一个物体存在的场景。

如果将宝宝再现物体的思维能力与运动感知等附加要求联系起来，那么，即便在成人身上，也会导致识别能力限制。丹尼尔·西蒙（Daniel Simon）与大学生合作的一项实验就证明了这一点：他在屏幕上同时展示了多个物体。然后，学生们看到一条宽的黑色横梁缓缓地从一侧移动到另一侧，该横梁总是遮住了半数的展示物——就像是一辆大型货车从幕前驶过。学生事先得知，其中一个物体在被黑色横梁遮挡期间被调换了。他们的任务是找出被调换的物体。人们一定觉得，这没什么难的，但事实上，成人在此也很容易犯错，许多人甚至根本无法找出正确答案。这里的关键是，有多少东西同时被遮住以及横梁在屏幕上移动速度的快慢。跟在宝宝那里的情况类似，物体的数量，以及再现在脑海中维持的时长是至关重要的。能够同时处理的重要信息的数量和复杂程度虽然可能随着年龄的增长而改变，但它们是有上限的。

问题是否真的在于宝宝很难记住物体准确的外观呢？为了验证这一点，克尔斯滕·博尔姆（Kirsten Bolm）、吕塞特·巴博切正跟我进行一项研究：我们展示两种仅在颜色和运动行为上有所区别的简单形状（圆形和正方形）。其中一个物体描述了一种不规则的、非线性的运动轨迹，另一个物体则是规则的、线性的运动轨迹。在测试场景中，两个物体均不运动。这一实验旨在测试，当仅仅通过不同的运动模式与不同颜色和基本形状的结合而将两个物体区分开来时，10 个月大的宝宝是否就具备了物体个性化的能力。我们很期待看到实验结果，因为它能够向我们证明，相比于外部特征信息，运动信息是否能够更早地被用于物体个性化。

总体而言，这些研究表明，**思维再现既不是天生的，也并非突然地凭空出现。**它并非像皮亚杰所猜测的那样，是逻辑认知结构改变的产物，而是一种相当复杂的思维功能，由各种重要的分能力构成，随着年龄的增长而不断达到更好的协同。每一种分能力——根据宝宝接受的任务——都或多或少地影响着观察到的行为。正如“A 非 B 寻找错误”的研究所解释的那样，宝宝研究中，测量方式始终扮演着一个重要的角色。将目光、抓取或寻找行为中的任意一种因素作为测量参量，都会相应得到不同的结果。事实上，只有了解所有可能的影响因素，才能正确地解释一项实验。这也适用于那些我们接下来要谈论的研究。

我们已经提到，宝宝在感知物体时还不能够很好地知道他们必须关注哪些特点，他们通常也没有一个词来命名这个“东西”。要说出物体的类别，宝宝得先构建一个类别。只有当我已经知道了不同的猫所具有的共同特征以及货车的本质特征时，我才能说出“猫”或“货车”。宝宝首先要将大量丰富的、与真实物体打交道的经验进行整理。找出这种整理能力何时开始发展以及如何发展，是我们海德堡工作组的主要研究目的。

2.1 从单个经验到构建分类

我们成人面临一种新的情形时，很快便能应付自如，这是因为，我们所看到的东西可以被归入熟悉的类别：我们看到树木、花、草或其他植物，狗、猫或其他动物，桌子、椅子、汽车或其他形式的物件。即使我们可能还不认识面前具体的个别样本，也能借助已经构建起来的知识找到和新事物打交道的办法。对宝宝来说，这完全是另外一回事。

宝宝出生时若没有与生俱来的类别性知识，那么，他每时每刻都会遇到无数截然不同的事物。每把椅子都是一个独一无二的整体。只要他尚未拥有“椅子”这一思维类别，那么对于每一份样本，他都必须重新学习与之相关的东西。对生命体而言同理：只要人们还不知道所有猫的共同点，那么每只猫就是独一无二的。而前者正是宝宝必须尽快学习的东西，否则的话，他就不能将那些在某件特定样品处获得的经验转移到其他样品身上，每遇到一个物体或生命体，他都必须再次从头开始去发现它们的特点。倘若真的如此，效率就太低了，我们或许将经历无比漫长的过程，才能最终获得日常生活和相互理解所需的关于世界的足够知识。倘若被置入一个全新的环境，我们或许会再一次变得无助，且必须从头开始整个学习过程。由于我们无法如此长时间地生存下去，因此，我们发展了***构建物体类别***的能力。通过将一个新的物体归类到已有的类别之下，我们可以运用一切在类似物体那里已经获得的知识，且能够将它们运用到新的情景中。

2.2 如何把握宝宝时期的分类工作

用来测量相应能力的最知名的方法，是我们先前已经解释过的***“习惯化 - 去习惯化范例”***的变形。但这里谈论的不是习惯化，而是熟悉化。原因在于，为形成习惯化而给宝宝展示的，是同一类别下的许多不同样品，而不再是反复以同一种方式给予某种刺激。在接下来的测试阶段中，我们将在熟悉类别下和对照类别下各展示一种新样本，来测试宝宝是否更偏爱对照类别下的刺激。如果出现***新事物偏爱***，便可以认为宝宝能够区分两种类别。严格意义上来说，仅当两种测试刺激在控制条件下（没有先前的熟悉化）吸引了同等程度的关注时，上述结论才成立。在***习惯化 - 去习惯化范例***的相关实验中，人们还会测试目视时间的中间值在不同测试组之间的差异。大的差异一般来说是很值得注意的，但有时较小的差异也会在数据上起到关键的作用，即当所有组的宝宝均表现出极其相似的行为时。

实际的类别研究中存在诸多不同的可能性，来将***熟悉化 - 新事物偏爱范例***付诸实践：人们可以向宝宝展示物体的图像（黑白线条、彩色图画、照片等）或给他们玩具模型。这对结果而言是很重要的，下文中还将进一步给出解释。

2.3 观察分类的形成

人们一般会给 2 ~ 6 个月大的小宝宝展示图片素材。如果想要知道特定年龄的宝宝是否能够形成“猫”这样一个类别，就要在熟悉化阶段给他们展示各式各样猫的照片。照片一般都以成对的方式展示，这样，宝宝总是能直接地对比这两张照片。之所以这么做，是因为人们认为这能促使宝宝在所展示的样本中寻找可识别的外在相似性，从而帮助形成一种新的类别性再现。

在美国，有一个以莱斯利 · 科恩（Leslie Cohen）、保罗 · 艾马斯（Paul Eimas）和罗 · 奎因（Paul Quinn）为核心的研究小组，他们开展过大量的视觉性类别任务实验，且侧重以 2 ~ 4 个月大的宝宝作为测试对象。他们的研究结果似乎可以证明，宝宝可以学习区分大量的、与我们日常生活分类相一致的物体类别。例如，他们声称，三四个月大的宝宝能够类别式地区分狗、猫、狮子、马和斑马，椅子、桌子、衣柜和床，汽车和摩托车等。

通过这些观察可以得出结论是，宝宝在出生最初的几个月中能够学着发现身边物体在外观上的相似点，并基于这些信息形成初步的分类。为此，他们根本还不需要知道相应物体的行为或其他特征。但要注意，这些发现与其他的宝宝研究结果不甚相符！这要从小宝宝的视觉能力开始说起。上文我们已经详述过，视敏度、对比敏感度和颜色感知在三四个月大的宝宝身上尚未完全发育成熟。人们完全可以就此提出问题：这一年龄阶段的宝宝是如何在视觉能力受限的情况下依然对物体的部分特征进行精细区分的呢?

我们尝试过在不同的任务中重现一部分上述研究结果——均未成功。无论是狗和猫，还是椅子和桌子，或者汽车和摩托车，那些参与我们研究的三四个月大的宝宝都未能加以区分。我们只能在整体分类的层面上得出正面的类别研究结果，但还需要一段时间才能最终说明其中的原因。目前，我们可以认为，宝宝原则上是具备形成视觉分类的能力的，但我们还不知道这些分类具体是什么。

如果想要研究年龄较大的宝宝，可以用真实物体的玩具模型代替照片。为了确保宝宝可以真正使用这些素材，他们必须长到六七个月大，能够坐直并有目的地使用双手检查物件。相比于单纯地看照片，主动去玩耍对他们而言确实也更有意思。此时，人们测算的不再是单纯目视的时间，而是**物体检查**的时长。因为并不是每一次投向物体的目光都意味着宝宝在收集物体的特征信息（例如，宝宝会观看他们之前从桌子上扔出去的物体)。比尔吉特·埃尔斯纳(Birgit Elsner)、苏珊娜·杰肖内克（Susanna Jeschonek）和我可以展示，当宝宝完全将注意力集中在一个玩具上而并非只是看着它时，他们的心跳会变慢。也就是说，心理学上的参量足以显示，在**检查**阶段，对物体信息的处理是非常深入的。

2.4 分类实验中究竟发生了什么

目前为止的阐释手段大多是基于以下观点，即宝宝在实验过程中构建类别，在这里，刺激的方式以及实验进行的步骤有着决定性的影响。这些基本想法与索科洛夫在 20 世纪 60 年代就已经提出的一种理论模型相一致。按照该理论模型，通过重复给予一种刺激，它的思维再现会逐渐形成。在第一眼看到一张图片时，可能会形成一种很不完整的再现。当再次看到同一张图片时，这种再现会完善一些。这一过程会在每一轮中继续，直到思维再现与感知达到一致。然后，观察者（动物、成人或宝宝）才会对刺激失去兴趣。如果紧接着给予一种新的、与现有的再现不相符的刺激，便会激发一种辨别反应，从而引起对新刺激的更强关注。

索科洛夫对单个刺激形成习惯的解释也适用于对类别的熟悉化：宝宝从一开始便学习构建一种允许一定程度变化的再现。当宝宝看到同一种类的不同样本时，他们会学到，哪些特征是重复出现的，哪些则不是。只有那些反复出现的特征才能成为习惯。或许，构建一类物体的思维再现要比构建单个刺激的思维再现的过程更复杂一些。尽管如此，将这一解释用于分类研究中，似乎也没那么容易：不管是给宝宝看图片还是玩具模型，人们总是一再观察到，宝宝在熟悉化阶段并未显示出注意力的减少，不过对于最后展示的对照类别的样本，他们的兴趣有明显的上升，这从数据上来说具有重要的意义。这在索科洛夫的模型内难以自圆其说，同样难以说明的还有，熟悉化阶段目光和检查时间的减少与测试阶段新事物偏爱的增强之间并不存在直接联系。

因此我们可以确定，虽然目前为止有一系列有趣的研究结果显示，宝宝在开始说话之前就早已形成了类别，但是，要如何去准确地解释这一能力，仍不甚明确。我在本章的结尾部分会再次回到这一点。

前识的作用

经验观察不太符合索科洛夫的理论模型，对这一事实的一个可能的解释是，宝宝已经具备固定的物体知识，并且当实验中的图片或玩具模型令他们想起真实的物体时，他们激活了这些知识。由此，同一类别样本之间的外观相似性不再是唯一的决定性因素，重要的还有宝宝与物体联系在一起的经验。不过，迄今为止，宝宝研究者依旧怀疑，1 周岁以下的宝宝是否真的能够在实验刺激和真实物体之间构建联系。怀疑的原因是，这些宝宝尚不具备与之相应的符号理解力。这里的***符号理解力***是指一种特定的物体通过其他的东西被展示出来（一个词，一个符号，一个玩具）。皮亚杰将这种符号理解力解释为被内化的行为，他认为，这不仅意味着宝宝在接近 2 周岁时所谓的***感觉阶段***的结束，还是语言获得的一个必要条件。

宝宝在 1 周岁时的分类能力不能归因于他们的前识，如果这一说法成立，那么，分类行为就必须取决于以下几个因素：有多少个不同的样品被展示，同一系列展示给宝宝看的频率是多少，以及该实验包含多少轮熟悉化过程。因为这些因素均可能对实验过程中构建再现的过程产生影响。为了验证这一点，我们做了一系列的研究，都使用了相同的整体类别对照（动物与家具相比较）。如果一组宝宝在熟悉化阶段只看到 4 个不同的样本，那么其他两组看到的就是 8 ~ 12 个。我们的评估显示，7 个月大的宝宝在不同实验条件下得到的结果并不存在显著差异，整组宝宝都可以区分家具和动物。这一结果如何与“分类仅在熟悉化阶段形成”这一观点相协调呢？

那些长久以来致力于物体检查实验的宝宝研究者也包括让 · 曼德勒（Jean Mandler）和莱蕾 · 麦克多诺（Laraine McDonough）。

在 20 世纪 90 年代初，他们是最早对下面的问题产生兴趣的人：对宝宝来说，是区分广义的，即所谓的***整体类别***（如动物与车辆），还是区分狭义的，即所谓的***基础类别***（如恐龙和鱼，或者汽车和摩托车，也就是来自同一个整体类别的两个物体种类）哪个更容易？对此，两位研究者有了惊人的发现——宝宝 7 ~ 9 个月大时就能够做到整体分类，而大约 11 个月大时才能做到基础分类。有趣的是，即使当不同类别下被选择的样本在外观上极为相似时（例如，将一只张开翅膀的鸟和飞机加以比较），宝宝也能够在整体层面上加以区分。如果人们假设，宝宝在完成任务时仅会考虑单个模型之间在外观上的相似点，便很难解释上述结果。

相反，当人们假设，他们已经具备关于物体的前识并能够运用这些知识，那么，在与物体的游戏中他们其实只需确定一件事，即这一模型让他们想起了什么，然后基于这种更加全面的再现，来决定该物体是否新鲜有趣。在此过程中，他们不必细致地辨认每一只动物（鳄鱼、斑马、鱼等）与每一辆车，因为只要他们能够确定该物体是某种动物或一辆车，就完全足够了。曼德勒和麦克多诺的确是通过运用区分生命体与非生命体的前识来解释他们的观察的。缩小模型游戏能够激活宝宝身上已存在的物体再现，当然，他们由于生活经验较少，还不能很好地区分这些物体。据此，整体类别比基础类别更早地被区分，是因为宝宝很早便能够了解到生命体与非生命体之间的差异，并在这些经验的基础上发展出一种“活”的***理念***，这一理念继而被实验素材激活。在此，我们似乎有了初步的论据证明，仅 7 个月大的宝宝就已具备了稳定的物体再现思维。

曼德勒和麦克多诺的假设与我们自己的方法对比所得的结果模式相符。在这种方法对比中，即便我们很大程度地改变了熟悉化阶段的框架条件，但仍没有在宝宝的分类行为中发现任何差异。如果宝宝确实能够激活现有的关于生命体和非生命体的前识，且该背景知识决定了他们的分类行为，那么，不同的实验条件完全可能导致相同的结果。

感知的作用

另一些科学家认为，这些知识在宝宝 2 周岁之前无法得到证实。他们列举的原因有宝宝此前尚未构建玩具模型与真实物体之间的联系。因此，在他们玩耍模型的时候，也不可能激活关于真实物体的知识。但我们又如何解释对整体类别的区分呢？宝宝在寻找物体之间的相同点时，会着眼于某几个关键的特征。以动物和车辆这一组对照为例，就可以发现，只有动物才具有脸、圆形的身体和腿，而只有车辆才具有锐利笔直的棱角和轮子。原则上我们可以想见，宝宝会特别关注这些特征，即便在不具备前识的情况下，也能够在随后的实验中对两个类别加以区分。

这些论据具有很高的可信度，因此也就不难理解，为何到目前为止，宝宝研究者在 7 个月大宝宝的分类行为究竟是基于感知还是基于知识这一问题上仍未达成统一。这一争论始终围绕着那个基本问题，即宝宝到底是从何时开始主动且有意识地在他们的思维中形成秩序，以及他们何时开始和“脑子里”的东西打交道。此外，弄清楚这一过程是否需要语言，还是在前语言阶段就已经实现，从理论上讲也是很重要的。由于这是一个原则上非常重要的问题，我们还做了其他的实验，它们会更进一步地揭示宝宝早期思维中感知与知识的共同作用。

感知与知识之间的关系

一些 11 个月大的宝宝参与了一项研究，我们向他们展示了家具和动物两个物体。研究分为两个实验组：第一组得到的是外观逼真的塑料动物玩具模型（鳄鱼、斑马、河马、长颈鹿、海龟）和外观逼真的木质家具模型（抽屉柜、桌椅、凳子、床）。两种刺激种类从外表上很容易区分。第二组得到的是相同的样本，但外形有所不同：所有的物体都是用木材加工而成的，既有曲线也有棱角，还有类似于眼睛的标记。我们想要借此提高不同类别之间的相似性，并使得它比同一类别内部的相似性还要大。一项由成人在单独比较中评价相似性的实验已经确认了这一点。尽管如此，另一项附加实验还表明，2 周岁大的宝宝也还能辨别出所有木质物品原本所代表的东西（即家具和动物）。

我们的想法如下：如果参与实验的宝宝首先要依据玩具的外观来构建类别，那么，拿到全部为木质玩具的第二组，相比于拿到外形逼真的材料的第一组而言，应当更难得出结果。而如果宝宝更依赖前识，并在两种条件下都将物体区分为动物或家具，那么两组的结果应当是相近的。令我们感到惊讶的是，对宝宝而言，不同类别的玩具模型外观相似与否显然并不重要，他们在两个实验组中表现出了几乎相同的成绩。

基于上述观察，我们想确定宝宝在进行区分时是否关注某些关键的特征。毕竟我们可以设想，存在着某些抽象的形式特征(例如，身体部位的一个特定轮廓)，它们能够成为类别区分的基础。对此，我们先将所有的玩具统一涂成棕色并重复了实验——这一次没有得到正面的结果，也就是说，宝宝没有进行分类。接下来，我们画上了类似于眼睛的标记，但宝宝依然无法对动物和家具进行区分。最后我们画上图案，但还是没有得到想要的实验结果。只有当***所有的***信息都具备时，宝宝才能区分动物和家具。看来似乎存在着一个类似于信息临界值的东西，只有达到这个临界值，物体的类属才能够得以识别。

格雷琴·范德沃勒（Gretchen VandeWalle）是一位来自美洲的研究者，她也进行了观察并发现，宝宝在物体检查任务中并非以某几个特别显著的特征为参照。她让11个月大的宝宝习惯于全部被涂成红色的动物玩具模型，并在测试场景中拿出一辆被涂成红色的汽车和一只被涂成蓝色的动物。如果宝宝参照的是颜色，那么他们在测试场景中会更倾向于观察被涂成蓝色的动物。事实上，宝宝却更关注涂成红色的汽车。这就表明，1周岁以下的宝宝并非仅凭最主要的外观特征来进行类别区分，而是也可能会运用前识。

在加以调整后的物体检查任务中，我们得出的实验结果也显示了前识的使用。例如，罗斯（Ross）的研究表明，11个月大的宝宝能够区分人和动物——我们针对7个月的宝宝所做的研究也证实了这一结果。即便动物类别所展示的是较高级的哺乳动物，它们能坐立或双腿站立，看起来与人类极为相似，情况也依旧如此。我们工作组的附加实验显示，当宝宝得到的仅仅是脸部信息或身体信息时，他们也能成功地完成这一区分。倘若没有前识的运用，便很难解释他们是如何做到这些的。

2.5 所有的部分是如何相互协调的

宝宝在出生最初的几个月内通过构建视觉抽象形成分类，在6

个月到 1 周岁期间才表现出基于知识的分类行为。如果事实真的如此，问题便来了：这两者是如何相互协调的？保罗 · 奎因建议用***单一过程理论***进行解释，他认为，宝宝最初依靠的只有外观特征，后来才学着将这些再现与知识和意义联系在一起。与此相反，让 · 曼德勒提出的***双过程理论***宣称，奎因及其同事所研究的 2 ~ 4 个月大宝宝的类别构建方式与有意义的类别构建是两码事。视觉性的类别构建是无意识进行的，在动物身上也可以观察得到，而第二种方式与有意识的（显性）知识构建有关，它以思维构建的其他规则为基础。根据这一说法，展示图片的分类任务所要把握的主要是视觉性的抽象构建和形成新类别能力，而那些展示三维玩具模型的实验，检验的首先是业已存在的类别知识。让 · 曼德勒认为这两者之间最重要的区别在于，宝宝在第二种情况下有机会运用双手去研究材料。这或许有助于他们去激活已经存在的经验。

比尔吉特 · 特鲁布尔（Birgit Träuble）和我想要用经验的方法来明确上述观点是否成立。在为此开展的实验中，我们给相同年龄的宝宝相同的样品，但展示方式却有着系统性的区别：一组 7 个月大的宝宝可以观看物体的图像（2D），第二组可以观看玩具模型（3D），第三组可以用双手去研究玩具模型。我们想要通过这些不同的方式来确定，在只能用眼睛观察或能够用双手研究物体的情况下，他们的表现是否会有所变化。同时，我们也想检验，接收到的刺激是二维还是三维这一区别有着何等重要性。结果显示，7 个月大的宝宝无法在视觉任务中区分动物和家具，而在我们展示 3D 物体时，他们却能成功区分。当 3D 物体只允许被观看时，他们的成绩是最好的。我们可以这样解释这一结果：材料并不适用于一种纯粹的视觉抽象构建——或许是因为同一整体分类下的样本相差甚远，且家具和动物都有腿，就这一点而言它们是具有相似性的。当物体以三维形式展示时，宝宝更多地是激活了已有的前识并做到了明确的区分。不过，为此并不需要像让 · 曼德勒推测的那样，用双手去研究那些物体。

现在我们可以问，1 周岁以下宝宝的分类功能中究竟有没有某种类似于连续性或一般发展趋势的东西？毕竟很多东西看起来还是取决于人们为了描述分类行为而采用的方法。幸运的是，这个问题可以用经验的方法得以澄清。我们首先向一组人数更多的、三四个月大的宝宝展示了两项图片形式的视觉任务：一个是整体分类任务（动物和车辆），一个是基础对照任务（狗对猫，或小汽车对货车）。同样是这些宝宝，在他们 7 个月、9 个月和 11 个月大时，我们又使用同样的样本对他们进行了研究，在这时，这些样本是以可供观看和可触摸的玩具模型的形式呈现的。样本的数量和测试的轮数均保持不变。有 80 多个宝宝参与了这项研究。

研究结果清楚地展示了宝宝分类行为的高度连续性：宝宝在三四个月时就已经具备区分动物和车辆的能力——但仅在令他们对动物产生适应性并在测试过程中给他们看一辆车的时候。相反的操作则未能达到分类效果。从宝宝 7 个月大开始（以及其后所有的测试时间点），不管适应的是哪种类别，他们都可以对两个大类进行区分。据此，人们从早期开始就可以观察到整体性分类。对基础类别的区分则是另一种情况。我们在 9 个月大的宝宝身上才首次发现对小汽车和货车进行类别区分的端倪，这在 11 个月大的宝宝身上更为明显，但狗和猫之间的区分却始终没有达成。由此，我们第一次找到了经验性证据——不用考虑方法问题——来证明，存在着一种从***整体到基础等级的转变***，这种转变会一直持续到宝宝满 1 周岁时。

不过，这并非一种铁的定律，规定了整体类别下的次级类别必然到 1 周岁末尾才能形成。比如说，宝宝 7 个月大时就已经能够区分人和其他动物，这就是一个反例。反驳这一点的还有我们的另一个研究，我们从中展示出，11 个月大的、预先没有接触过狗或猫的宝宝无法对两者进行区分，而年龄相同的、家里养了狗或猫的宝宝能够更好地辨别。由于这两种情况下我们使用了相同的实验素材，因此，实验组之间的差异可以比较确定地归因于前识的运用。就目前讨论的话题而言，这个研究令人感兴趣的地方体现在下面的结论中：如果宝宝已经有了接触真实对象的经验，并且这些对象令他们认为这样的区分十分重要，他们就可能做到基础类别的区分。

总结

能够在思维中想象物体，是人类思维一个相当重要的前提。这一能力是从诸多微小的步骤中发展而来的，宝宝在此过程中，学着把物体的信息愈加准确和持久地保存在记忆中。什么时候可以说宝宝具备了主动记忆的能力呢？这是一个尚有争议的问题。有些人认为，宝宝在摇篮中便具备这一能力，另有一些人猜测，这一能力是在出生后半年内得到发展的，还有一些人则强调，宝宝至少在12个月，甚至在出生的第二年才可能做到完整的物体再现。

一般来说，最初有的可能只是不完整的想法，即“那儿有什么东西，哪儿有过什么东西”，这种想法只能在记忆中停留几秒。随着年龄的增长，这一时间会逐渐延长，宝宝也能更好地学着去回忆所见之物的特征（以及见到它的地点）。如果他不但要记忆某物，而且要配合做出相应的行为（如寻找消失的物体），那么成功相比较而言会来得更晚一些。如果考虑到视觉感知和视觉运动要在1周岁后半期才能发展到确切地用双眼把握物体细节的水平，加上宝宝在抓取物品时身体必须具备一定程度的稳定性，那么，人们其实也不会对广义物体恒性的较晚发展感到意外了。

相反，宝宝构建类别的时间要早得多，这在三四个月大时就可能发生，尽管他们此时视物尚不精确，且接触各类物体的经验相对较少。小宝宝能构建动物类别，就是可靠的证据。第二章中我们已经解释过，新生儿对于脸部和运动物体表现出特殊的兴趣。也就是说，他们尤其喜欢观察人和动物。一些文章声称，三四个月大的宝宝也能够进行更细致的区分，但对此我们并没有找到证据。或许，这些早期区分的原因可以追溯到视觉抽象的构建过程。由于迄今为止尚未有人研究过，在针对视觉性分类的研究过程中形成的再现是否能更长时间地留存，所以我们不知道，那些实验条件下观察到的结果与我们第二章中关注的问题是否存在重要关联，即稳定的物体再现的构建以及日常生活中物体知识的形成。

无论如何，对视觉性分类的研究能够间接地证明，宝宝很早便能够构建短时间的再现。若非如此，宝宝根本无法对比相继出现的不同刺激并发现其中的相似性。分类化实验间接证实了：宝宝在出生的最初几个月里就能对物体进行思维再现，即使我们还不清楚这是如何发生的，以及这些再现的稳定性如何。

以年龄稍大的宝宝为对象的分类化研究提供了更多有趣的认知。六七个月大的宝宝既能明确区分生命体的整体类别（人、动物)，也能区分非生命体的整体类别(车辆、家具)。在1周岁后期，他们也逐渐学会区分一个整体类别中的细化分类。这一发展趋势被称为分类思维中的***整体到基础级别转变***。有许多证据证明，这种能力至少部分地是以知识为基础的。对三维缩小模型的感知（不一定作为玩具）似乎激活了宝宝对真实物体的记忆，并在实验中引导关注行为。若这一解释成立，便可以认为，1周岁的宝宝具有了较为复杂的物体再现能力。虽然这些再现一开始并非在每一种情景下都被记起或运用（如让·皮亚杰或徐飞与苏珊·凯莉的实验所示)，却标志着一种稳定的世界知识构建的开始。在此过程中，宝宝达成了人、动物和非生命体之间的基本的区分。这一区分的达成为区分不同知识领域奠定了基础，同时也是关于世界的内容性思维的基础。思维在不同内容领域中的发展，将是我们第四章的主题。

4

宝宝在想什么

思考是一种精神活动，在这一过程中，外部或内部的事物成为观察的对象。我们思考“一些东西”，它可能是物体、人或周围环境中的事件，也可能关于感觉和记忆。重要的是，我们在思考中可以做些什么。因此，物体恒存性是能够对此进行思考的前提条件。

在第三章末尾，我们假定知识的发展是因门类而异的；在这方面，也有所谓的领域特定方法。作为成人，我们能自然而然地区分物理、数学或心理学知识的不同。与此同时，我们知道大脑的不同区域对于这些专业领域知识的发展有着不同的重要作用。因此，可以认为，这些差异是在思想发展过程中形成的，甚至有一部分是天生的。

我们在第三章详细举例时提到了生命体和非生命体研究对象的区分，更明显的是，这也与物理学和心理学专业领域的区分有着密切关系。我们对人和动物的想法有别于对非生命体的看法。我们用不同的概念来解释这一领域，对生物和对人造物的理解完全不同——如果探讨足球为什么会滚动，我们想到的是什么力对它施加了影响；而如果讨论动物为什么会跑走，我们首先想到的是行为的动机。

但是宝宝了解这些差异有什么意义呢？如果从进化论的角度来考虑，很快可以得出合理的解释——能分辨同类，这对生存起着至关重要的作用。出生后，宝宝对人类面孔、人的声音、说话和行动都表现出极大的兴趣。这些与生俱来的感知偏好使他们特别容易注意其他人和动物的反应。此外，宝宝还能发送信号，使其他生物注意到他们，并吸引同类过来交流。事实证明，他们醒着的一大半时间，都用来学习人类的行为。

这些经验在各个不同的层面得以体现：宝宝记住了怎样从外表认人，怎样跟他人相处，别人又希望他们有怎样的反应。他们学到，有一些特殊的“人类样本”（父亲、母亲、兄弟姐妹等），他们会与这些人共度很多时间；反之与其他人，相处的时间就少得多。但是，宝宝就会了解到，特殊样本的一些特征适用于所有人，有些甚至适用于动物。慢慢地，宝宝会逐渐形成一个全面的“人”或“生物”类别概念。

“生物”这一类别的一个中心特征是，它们可以自己移动。家里宝宝房、厨房或客厅的家具通常留在原地静止不动（除非有人推动或发生地震），这不适用于母亲、父亲、宠物和任何能决定环境的生物。生物在不断地改变位置，为了预测这种位置变化，宝宝必须学会理解，是什么控制着他们的行为。在任何情况下，这都不是来自外部力量，而是来自内部的东西。比起搬动一把椅子或者拿起一个拨浪鼓，影响这样的行为需要不同的专业知识和不同的技术。母亲一叫就会过来，但椅子或拨浪鼓并不会那么轻易地达成人们需求的目的——必须用双手去抓紧它们或把它们拉到自己的身边。

基于这些考虑，一些宝宝研究人员怀疑，在出生的第一年，就已经奠定了基本区分“物理”“心理学”这两个知识领域的基础。非生命体往往按照物理定律行事，而生物行为的规则大多与其心理状态（感情、动机、兴趣等）有关。此外，我们无法与无生命的物体交流，但这恰恰是生命体互动的首选形式。

不但从分类研究人员的角度，而且从对高级认知过程感兴趣的科学家角度出发，宝宝如何理解物理学和心理学的区别，都是一个非常有趣的问题。为了能够概括生命体和非生命体的典型区别，必须考虑原因和后果。一个想要区别自发行为和外部驱动行为的宝宝，肯定会对行为成因感兴趣。

1. 宝宝会考虑因果吗

大部分学者给出了否定回答。皮亚杰认为，这种对因果关系的理解到小学才形成。在我看来，因果思维是思维中发展较早的一个部分。在发展过程中，因果关系的表现形式、认知程度以及与他人交流的可能性都发生了变化。然而，因果关系对我来说——就像对于康德和我今天的一些同事而言——代表了人类现实观的基本形式。为什么？

我们的神经系统可以检测到环境变化，并对此做出有效预测，这是人类得以生存的唯一途径。生物是不断变化的：外观，位置，听觉、嗅觉和其他能感知的维度。然而，运动和形式无疑起着决定性的作用。因此，这些不断变化着的个体能吸引人类或动物的注意。生物不但改变自己，而且会影响到无生命的环境。这一点在宝宝身上也能得到体现。

宝宝寻求环境的稳定性、规律性和可控性。最终，我们大脑的复杂器官得到进一步发展，并通过越来越有效地识别规则和做出预测来优化与客观世界的交流。当宝宝可以认清典型样本时，就能在动态环境中理清规则。对于研究对象，这种分类对应于典型样本形成。在事件层面，它们符合变化和规律性模式。这种模式包括对某些事件过程的描述，其中会产生相互影响或相互关联。

让我们举例说明一下非生命体之间相互运动的空间模式行为：木块A滑向木块B并推动它，或者普遍描述为物体A向物体B移动，物体B感知到这一行为之后，也进入运动状态。这个过程描述了物理学的基本原理——一切运动的产生都是力的作用。对非生命体而言，这种力通过A传递到B，以脉冲的方式传输。A和B可能是木块、汽车、柜子、石头或任何一样东西。

伊丽莎白·斯佩尔克和她的同事在一系列经典的实验中，研究宝宝是否了解“碰撞”这个概念。为此，他们使用了期望不符示例。首先，让宝宝熟悉一个小舞台，舞台上有一个红色的方块。接着在方块前面放置一个屏幕，这样就只能在屏幕右侧看到一半的方块。屏幕本身遮住了舞台的中间部分。然后，一个蓝色的方块从舞台的左侧向屏幕移动，然后消失在屏幕后面。过了一会儿，红色的方块也开始移动，滑到舞台的右边缘，在那里消失片刻，然后再回到原来的位置。不久，蓝色的方块再次出现在屏幕左侧，并滑动到舞台的边缘。这个过程一再重复，直到宝宝不再感兴趣、转移视线为止。这一形成习惯的过程可能会让宝宝对屏幕后发生的事情产生一定的期待。这一过程结束后，屏幕被移除，宝宝会轮流观看两个测试场景；场景1（方块有接触）、红色的方块放在舞台中间的起始位置，蓝色的方块从左边开始滑动并撞上它，接下来蓝色的方块保持静止，而红色的方块开始往前运动（预期之中）。场景2（方块无接触），蓝色的方块从红色的方块左边滑动，在距离红色的方块10厘米的位置停下，红色的方块开始自发向右边运动（与期望不符）。这两幕场景都展示了屏幕后发生的事情，但是与第一幕不同的是，第二幕违背了物理学的基本规则——一切运动的产生都是力的作用。按照这一规则，红色的方块不可能自发产生运动，它必须受到外力撞击之后才会运动。

感知因果的碰撞实验

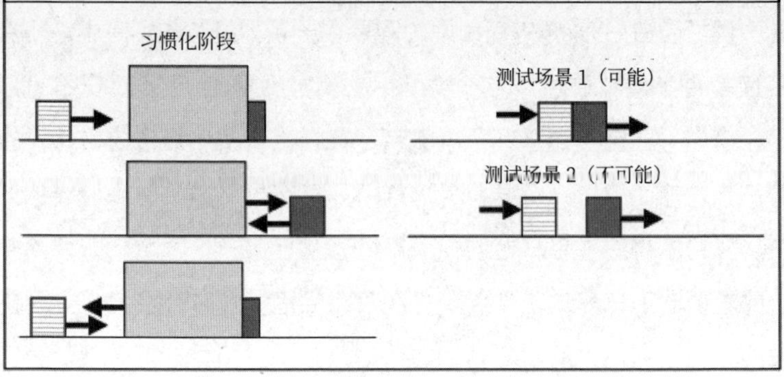

在习惯化阶段，宝宝会看到一个屏幕，幕布后有一个被遮住一半的方块。从舞台另一边滑来第二个方块并消失在屏幕后。片刻之后，第一个方块开始运动，滑动一会儿后，掉头并返回初始位置。随后，第二个方块出现在幕布的另一侧，同样滑动一会儿之后，掉头并消失在幕布后面。

测试开始前，幕布被移开。宝宝交替看到两幕场景，一幕是两个方块相互碰撞（可能），另一幕是两者之间留有空隙（不可能）。

6 个月大的宝宝看到第二幕这样与期望不一致的场景，注视的时间会更长。如果一开始并没有熟悉舞台场景这个过程，那么宝宝对两幕场景的反应就没什么区别。所以斯佩尔克和她的团队得出结论，与预期的期待不符是宝宝注视时间偏长的主要原因。

让我们回到那个问题，即宝宝是否意识到生命体和非生命体所遵循的运动规则是各不相同的。斯佩尔克、菲利普斯和范德沃勒还是以人作为研究对象进行了相关实验。当然在这些实验中，不需要为了让彼此移动而互相碰撞。人们通常通过眼神交流或远距离的语言交流，用心理感受指引行为（例如，直接说“走开！”），宝宝似乎也意识到了这一点，因为他们不再对两个测试场景之一表现出任何偏向性。很明显，宝宝认为适用于生命体和非生命体的运动模式是不相同的，这也可能是宝宝在幼年时就能区分生命体和非生命体环境的原因。因为只有当人知道面前有什么样的对象时，才能知道用哪种规则来预测其变化，尤其感兴趣的是，对象是否可以自行移动。斯佩尔克和她的团队通过实验认为，宝宝早期就可以区分哪些对象可以自主行动（生命体），哪些必须通过其他物体才能形成运动（非生命体）。从方法论的角度人们可能会提出异议，因为这个结论建立在消极反应的基础上（以人为实验对象时，宝宝并未出现视线的长时间逗留）。然而，在此期间又进行的其他实验都表明，宝宝已经会区分自主行动和外界驱动下的行动模式。

在丽贝卡 · 萨克斯及其同事进行的一项研究中，先让 10 ~ 12 个月大的宝宝熟悉一种场景：一块半高的墙壁把一个小舞台分成两半，宝宝首先看到一个小小的红色沙袋从舞台一侧飞过来，越过墙壁，落在舞台的另一边。这一幕一再重复，直到宝宝习惯为止，然后开始进行正式测试。沙袋的投掷路线和开始一致，落地后，舞台边缘出现一只手（实验条件）或者一辆彩色火车（控制条件）。手或火车先出现在沙袋同侧，再出现在另一侧。在实验条件（手）出现，尤其是出现在沙袋另一侧（即手并不是沙袋运动的驱动者）时，宝宝观察的时间更长。在控制条件（火车）出现时，宝宝的感兴趣程度没有变化。第二次实验中把沙袋换成（布制）动物，那宝宝对手和火车都不会产生明显的兴趣，注视时间也没有区别。丽贝卡·萨克斯和她的同事由此得出结论，10 ~ 12 个月大的宝宝看到非生命体（沙袋）运动时，会认为是有外来物对此采取行动导致的；而假如观察对象换成可能有生命的物体（玩具动物），那他们就不会期待动作有驱动者，因为宝宝很可能认为动物是可以自主行动的。

这些结果证实，1 周岁以下的宝宝已经能够思考因果关系并注意到物体的分类属性。这是否也适用于年龄更小的宝宝呢？目前尚未有定论。为了验证这一点，我和比尔吉特 · 特鲁布尔根据新开发的方法进行了一系列研究。

在二义性示例中，发挥核心作用的是两种物体：一种是幻想出来的某种毛毛虫，有毛，也有笑脸；另一种是塑料球。如果两种物体都静止地分别放置在小舞台的两个角落里，那么 7 个月大的宝宝凝视时间的长短，完全取决于这个球的吸引程度。如果球只有一种颜色，那么宝宝看动物的时间更长；如果球上有荧光黄色斑点，那么宝宝的视线就会更多地停留在球上。在第二种场景中，动物和球一起出现，有嘴巴的动物与球一直互相触碰，两个物体似乎自发地以非直线的方式运动（交替滚动），宝宝会认为这些动作由动物引起——尽管事实上是球里面的马达和磁铁发挥了作用。但是怎样确定，宝宝认为到底是什么产生了运动？

运动实验后，再次重现场景 1，动物和球分别放在角落里，没有挪动。宝宝在这一幕中观察动物的时间比观察球的时间更长，无论他们之前所在的观测组用的是漂亮的球还是普通的球，现在结果都一样。

后来，我们用漂亮的球在 7 ~ 11 个月大的宝宝的小组中重复了这次实验，第一个结果再次出现了。3 个年龄组的宝宝在第三种场景中，观察动物的时间都长于观察球的时间。可以说，这个研究的结果很有说服力。

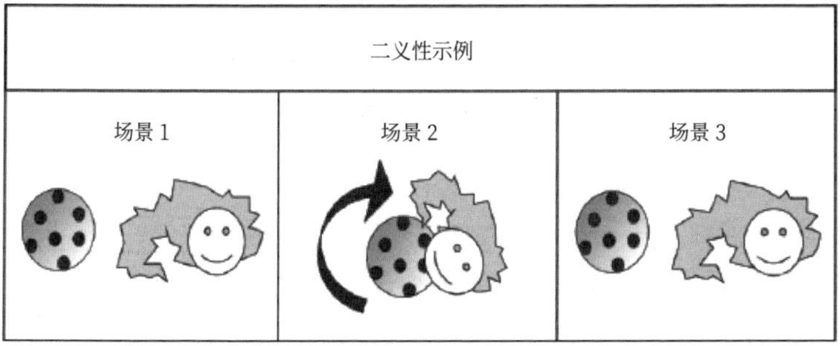

宝宝相继观察到 3 种场景：在第一种和第三种场景中，球和动物均处于静止状态排列。在第二种场景中，动物和球触碰之后，以非直线路径在舞台上滚动。这个实验研究了从场景 1 到场景 2，宝宝对球和动物的注视时间是否有变化。

从观测时间长短可以看出，在运动场景中，宝宝认为不是球而是动物能够自发运动。如果两种物体在舞台上都保持静止，那么宝宝会对动物更感兴趣，因为期待它可能会再次动起来。

为了证实这一解释，我们进行了另一项实验，用木条分隔开运动场景中的两种物体。一组宝宝看到球在移动，动物保持静止状态；另一组宝宝则看到动物是运动的，而球保持静止。在这种情况下，第三种场景中，宝宝会注意观察之前动的对象，不管它是球还是动物。这一观察结果与我们之前的假设一致：宝宝在第二种场景中似乎在猜测，哪个物体能够自发运动，哪个不能。

附加实验想要解释清楚，是什么决定宝宝会把运动的原因归结到动物身上，以及动物的身体还是动物的面部特征，哪个更重要。让两组 7 个月大的宝宝观察两组运动场景：一组中的动物没有脸，另一组则用弹簧代替了动物躯干。这两种情况下，得出的结果是颠覆性的：宝宝没有表现出对动物的观察偏好。尤其对第一组来说，这一结果特别有趣，因为这里的运动模式与最初的测试完全一致，结果却截然不同。在另一项与妮可·西格瓦尔德一起进行的研究中，我们在场景 1 和场景 3（静态）中使用了一种与场景 2 不同的动物，即便在这种情况下，宝宝也没有表现出对动物的观察偏好。

从这些观察中可以得出什么结论？看起来，在 7 ~ 11 个月这个年龄区间内，实验观测到的结果对不同年龄组来说是相对稳定的，这个结果也不会因为宝宝最初是对动物还是球更感兴趣而发生变化。然而，动物的任何外部形态变化，都会使宝宝在识别动物上产生困难，也会使他们的经验很难从运动场景转移到场景 3 中使用，这就会导致观测结果的不一致。

时至今日，是否真的可以认为，7 个月大的宝宝会期待动物自发运动，并认为球不能自发行动？也许只有动起来才能引起人们对动物的兴趣，所以宝宝看动物的时间要更长一些？我们已经通过一系列“与手相关的实验”研究了这种可能性，例如，场景 2 中的动物和球虽然紧挨在一起，而且运动模式也跟基础实验一样，但是这种运动很明显是由外力引起的。在具体的场景中，一只手出现在舞台背后，向宝宝挥手，抓起动物和球，在舞台上移动 15 秒。然后扔下两个物体，再次挥手，离开舞台。在这种情况下，宝宝并没有展示出对动物的特别偏好。而当动物和球在舞台上自发运动，并以非直线形线路互相碰撞时，手出现在舞台上，宝宝就会更多地注视动物——无论手是静止不动，还是在引领动物和球的运动。换句话说，手在做什么很重要，在不在场倒并不是那么重要。

这一系列实验提供了一系列有趣的见解：首先证实了宝宝在 7 个月大时对运动非常感兴趣。当一个物体移动时，他们会仔细观察，下次就会再次辨认出来。然而，更重要的是，宝宝认识到，那些看起来像动物的物体可以自发运动，而长得不像动物的就不行。这一点在二义性运动场景实验中变得更加清晰。感知到的运动是否最终归因于动物，取决于一系列其他因素，例如是否具有典型的动物特征，是否有其他潜在的自主运动者（这里是指手）与事件，以及他的是否与目标对象产生物理性的接触。7 个月大的小宝宝已经是解决问题的小能手，他们灵活应对不同的情况，并根据感知到的关系，了解现实世界。

1.1 宝宝如何表现“有生命 - 无生命”之间的区别

上面描述的实验很有趣，但似乎并不能解释，人们如何能够具体表现生命体和非生命体之间差异的因果关系。到目前为止，很少有关于这个问题的理论陈述。让·曼德勒是最早从理论上开始思考，并用知识区分生命体和非生命体差别的科学家之一。在她备受争议的文章《如何制造一个宝宝》中，她解释了如何在头脑中形成“生命体”这个概念。曼德勒认为，在宝宝的头脑中，对生命体运动的多重感知创造出一个抽象的图像模式，与上文提到的类别构成不同，它不是基于外观特征，而是对行为特征的归纳。具体来说，她认为宝宝将生命体的运动表示为自发行动，也就是来自内部，而且不遵循直线运动轨迹。

当存在某些外部特征（如面部特征或运动过程）时，可以激活图像模式。这就解释了为什么宝宝会更早地区分整体分类而不是那些基础分类。让·曼德勒认为，针对生命体运动的图像模式在宝宝 6

个月大的时候就会形成。

如果从大脑研究的角度提出同样的问题，那么即使没有图像模型的假设，也能够进行研究。例如，可以设想，对自行运动的生命体进行感知时，不同层面的神经元连接都被激活。有的代表形象特征，有的代表颜色和模式特征，还有一些代表运动特征。每一个生命体看起来都不一样且进行着不同的运动。然而，在抽象层面上也有相似之处——例如身体配置（头部、躯干、手臂 / 腿）和一般运动模式（自启动，非线性）。当我们反复面对不同外观和运动方式的生命体时，虽然在较低层级上，总是有不同的神经元连接参与其中，但在较高层次上，神经元连接总是相同的，因为后者负责对抽象的刺激部位做出反应，这加强了连接的可持续性。考虑到宝宝在半岁的时候视力还不清晰，因此，他们更擅长分辨运动特征和外部轮廓，而不是生命体的一些小细节。那就可以理解，他们很早便学会怎样识别生命体，以及生命体与非生命体之间如何区别。

一旦大脑学会了区分自发运动和外力引起的运动，那么当某个物体在某种刺激下，没有接触其他物体就开始改变空间位置时，神经元连接就会开始活跃。因此，学习生命体和非生命体之间的区别并不是魔法，它可以通过持续的经验自动获得，即物体借助某种特定的外在特征（如带翅膀的物体）展示某种特定的运动模式（这里是指飞翔）。但正如我们即将要谈到的，将这些不同的信息联系起来也并非易事。

读者现在可能会提出异议：这和思维有什么关系？因果洞察体现在哪里？这种反问是合理的。毕竟，在本章一开始，思维就被定义为人类的一种精神活动，我们也发现，宝宝与想象事物间有一定的关联性。到目前为止，描述更多的是一种自动化现象，我们的神经网络用它描绘了现实并构建了现实。

让我们回到早期因果思维的实验：所有实验展示的并不是宝宝感知到什么，而是他们怎样看待一种情况，也就是他们在期待什么。在 3 种场景下，宝宝利用已有的关于生命体和非生命体在行为特点方面的知识，对自己的思想进行补充，从而解决问题或回答问题：屏幕后面发生了什么？是人还是物导致“我”看到的运动产生？宝宝的思考不是单轨的，正如那个“手的实验”成为二义性示例所解释的那样，他们会考虑各种不同的原因，并最终选择最有可能的那一条。这很明显就是一种思维行为！

然而，许多研究人员根本无法想象 1 周岁以内的宝宝具备这种能力。他们甚至怀疑，宝宝是否可以基于知识对生命体有所表现。这种怀疑是不合理的。最近的研究表明，宝宝在 6 个月到 1 周岁时，会将运动行为的动态信息与物体外观的静态信息结合起来。玛莎·阿特贝里和马克·伯恩斯坦在实验报告中说，他们让 6 个月和 9 个月大的宝宝熟悉动物及车辆的图片，或者熟悉光源显示器展示的相关图像。光源显示器是一种显示由光点构成图像的胶片。光点由移动物体的关节或者每一个动作点构成。它们并不展示物体本身的外观，只提供有关运动行为方面的信息。如果在视觉分类范围内向 6 个月大的宝宝展示动物或汽车的图片，他们都能够清楚地区分两类物体的不同。光源显示器的实验也得到了相同的结果。

此外，还有一些有趣的实验，测试了宝宝是否能在两种信息方式之间建立起联系。如果在熟悉阶段给宝宝展示图片，然后在测试阶段给他们看光点，那么 6 个月大的宝宝无法对其进行分类。但是 9 个月大的宝宝似乎可以产生知识的转移，他们先习惯某种动作的光点显示（如车辆），然后在测试中看到一组图片（如汽车和狗），他们会对车子观察更长时间。这意味着他们已经建立了物体运动信息和外部信息之间的关系，这也证实，宝宝的脑海中存在对汽车和动物这两种分类体系的信息，并且可以将动态信息和静态信息联系在一起。

将运动信息和外观信息结合起来，这对宝宝来说并非易事。这在某种程度上要动用大脑的不同区域：当我们看到某样东西时，信息通过视神经，经过不同的中间站，最后到达后脑，初级视觉皮层就在那里。然后开始分不同的路径处理——有关物体形状、颜色和图案的信息在中脑腹侧进行处理，并经过颞叶，到达大脑两侧。有关运动和动态形状变化的信息则通过大脑背外侧、顶叶和后脑上方进行处理。然后，两种形式的信息在联想中枢联系起来。与阿特贝里和伯恩斯坦的实验不同，日常生活中关于外观和行为的感知往往是同时进行的，因此很可能 9 个月不到的宝宝，就已经会把两种信息联系到一起了。

莱塞特·巴博塞和我目前正在研究，宝宝是怎样将视觉和听觉信息联系到一起的。他们知道，引擎的嗡嗡声是汽车发出的，而狗会吠叫吗？他们对动物和人造物品发出的不同声音了解吗？为了研究这些问题，我们不仅对视线，还对脑电波进行了测试。当感知到不匹配的物体时，我们的脑电波会呈现出某些典型的变化。我们想利用这一点，测试当洗衣机发出喵喵声或奶牛发出电话铃声时，宝宝会不会觉得奇怪。大脑的颞叶区域对于链接这两种类型的信息非常重要。

如上所述，许多不同的研究团队目前都在试图了解，宝宝对物体的初次理解是什么，它们包含什么样的信息。因为只有当我们知道宝宝在脑海中如何描绘外部世界，才能开始理解宝宝对物体的看法。但是，人们不能错误地认为思维是按固定的顺序发展的：先感知，然后再现，再将其分类，建立多模式知识，最后再学习物体间的关系。

大脑同时在不同抽象层面上处理信息，尽管只有在对相关对象有预先了解时，才能理解物体之间的因果关系（例如，动物和球的二义性实验），但这并不是一成不变的。对象分类的区别、对物体间相似性的评估以及感知，也可能是由因果和经验共同决定的。只有通过以上所有途径，才可能构成类似“生命体”这样的抽象概念。

最近的宝宝研究表明，基于外貌特征和行为特征的生命体与非生命体区别对思维的进一步发展至关重要。它能在宝宝学会说话前就促进他们心理学和物理学知识领域的区分，这意味着在某种程度上对生命体的经验处理和对非生命体的处理完全不同。

1.2 宝宝如何区分不同种类的生命体

当提到生物学意义上的生命体时，我们是指人类、动物和植物，但在研究中我们更倾向使用“会运动的物体”这一概念，因为它仅仅是指人和动物。其实宝宝最早在四五岁时就可以理解植物也是生物，只是此前他们会以为只有可以自主运动的物体才是生物。

现在我们要研究的问题是，宝宝会采取什么样的标准来区分不同的生命体。许多学者致力于此，由保罗 · 奎因领导的研究团队正是其中之一。从自身的经验出发，他认为就区分动物而言，观察它们的外观（特指脸和尾巴）是最有趣的。这是有道理的。一方面，天生的感知偏好会自动把我们的注意力吸引到生物的面部上，因此我们其实一早就在学习如何进行细致区分。另一方面，尾巴是动物外观的重要组成部分。或许整体的轮廓也起着重要作用，但弗吉尼亚·斯劳特的研究表明，当看见照片里有一个身体部位错位呈现的人时，宝宝并不会感到非常惊讶。也就是说，各个身体部位究竟如何排列并不十分重要。

除去外观特征，动物的行为模式和自然生活环境也很重要。因此，宝宝在分类实验中激活了先觉知识，能够区分陆生类动物、水生类动物和飞行类动物，并且对它们进行细致的区分，绝对不是偶然。飞行类动物有翅膀，水生类动物有鳍，陆生类动物有腿。如果想要预测动物的行为活动，观察它们的运动器官非常有用。

针对成人的研究同样表明，动物的外观和行为活动是区分动物种类的关键所在。我们在不自觉的情况下间接认定，有一个相同的核心（比如基因）是以这些明显可辨的外在共同点为基础的。

但对人工制品进行分类时，我们就不太考虑这个问题，即这些东西是否具有一个共同的工艺基础。它们能否实现相同的功能才是更为重要的问题。比如，开瓶器有很多样式，虽然看起来形态各异，但说到底还是开瓶器，因为它们都可以开瓶盖。又比如，建筑的外形也是各有不同，但用途都是为人类提供栖身之所。宝宝是否也能够根据功能对人工制品进行分类？物品外观的整体相似性是否会起决定性的作用？接下来我将详细回答这些问题。

1.3 宝宝如何区分人工制品

比尔吉特 · 特劳布尔和我想要在自己的研究框架内找出这个问题的答案，即如果宝宝在了解了物品的功能之后，以相似性准则重点观察物品某个不显眼的部位，从而建立起物品的种类概念，那么他们是否已经学会忽略物品之间的整体相似性？现有的文献得出了以下结论：幼儿在将近 3 岁时才能做到。但我们的实验表明，他们在将近 2 岁时就能做到。首先，我们为此设计了专门的玩具，即一套木质小物件——正中间是一个正方形的木块，四面环绕着不同形状的零件，其中有一个 T 形灰色零件，位置始终不变。

实验说明：在习惯过程中，给幼儿可供自由玩耍的小木块。这些小木块有的在颜色和形状上相似（外观相似性），有的在同一个位置安置了相同的 T 形灰色零件（功能相似性）。在测试过程中，给幼儿一个新的、他们已经熟悉的种类的小木块，再给他们一个不熟悉的种类的小木块。通过这种方式可以检验，幼儿的分类行为是否与实验人员此前有无向他们示范 T 形灰色零件的功能有关。

在一半的小木块表面画上黄色和红色的圆形，在另一半的小木块表面画上绿色和蓝色的正方形。在不知道它们的性质和作用的情况下，人们会自然地将它们按照颜色和图案进行分类（红黄色的圆形和蓝绿色的方形）。成人是这样，仅仅 11 个月大的宝宝也是。这个发现是非常重要的，因为它证实了宝宝即使没有任何先觉知识，也能通过观察物体的外观和寻找相似性对物体进行分类。

但从原则上讲，还有另一种给小木块分类的方法——观察T形灰色零件在小木块上的位置。有一半双色小木块上的T形灰色零件是较长的部分朝外，较短的部分紧贴小木块（呈长条形），另一半双色小木块上的T形灰色零件是较短的部分朝外（呈船锚形）。乍看之下很难立刻发现这个差异。实验人员让宝宝熟悉了具有不同颜色但T形灰色零件相同的小木块。在测试过程中，看到位置调整过的T形灰色零件，他们没有做出反应。也就是说，T形灰色零件本身和它的位置对于宝宝自发地构建分类标准没有影响。这一点符合我们的预期。即使在成人眼中，这也是个不显眼的差别。如果我们不具备有关物体功能的背景知识，就会自然按照它们的整体相似性进行分类。如果在实验开始之前向幼儿简要演示T形灰色零件具有重要功能，并且告知他们这一功能会随零件安装位置的变化而改变，那么结果是否会不同呢？

在正式的分类实验开始之前，实验人员会向幼儿演示：将两个小木块（一个装有长条形T形灰色零件，一个装有船锚形T形灰色零件）放在一个定制的效果器旁边，然后将两个小木块展示给幼儿看，再将他们的注意力转移到其中某一块上去（比如长条形小木块），接着把T形灰色零件对准效果器上的红色圆孔，把长条形部位插入圆孔并且向下按压。此刻，效果器发出了一阵铃声。重复这一举动。目睹两次之后幼儿就会了解，装有长条形T形灰色零件的小木块的用途是插入圆孔，使效果器发出有趣的声音。接着举起另一个小木块，也放到效果器旁边。这一次效果器上有两个钩子，可以勾住船锚形的T形灰色零件。小木块放上去之后，可以看见一根挂在钩子上的彩色皮筋。同样重复一遍这个举动。目睹两次之后幼儿就会了解，装有船锚形T形灰色零件的小木块的用途是使彩色皮筋出现。两种效果对幼儿来说都非常具有吸引力，但要引起注意的是，每种效果都只能由具备特定T形灰色零件的小木块实现，而一种小木块只能实现一种效果。具备船锚形T形灰色零件的小木块无法使效果器发出铃声，具备长条形T形灰色零件的小木块也无法使钩子拉出皮筋。

演示过程使用的小木块造型比正式分类实验中使用的更简单，仅由白色的小木块和黑色的T形灰色零件组成，没有安装其他零件，由此可以减少幼儿观察关键部分时耗费的精力。但我们同时也想知道，幼儿在演示过程中通过黑白简易小木块获得的经验是否可以转移到颜色和造型更复杂的小木块上。如果幼儿对功能之间的联系最感兴趣，那么转移应该是可以成功实现的。但如果他们最看重外观特征的共同点，那么转移就不太可能实现了。

正式分类实验紧跟在演示过程之后进行，遵循相同的流程以作为对照研究。将参与实验的幼儿分为两组，一组已经熟悉了颜色相近的物体（外观相似性），另一组则已经熟悉了T形灰色零件相近的物体（功能相似性），以便在测试过程中给他们其他分类的小木块。与对照实验不一样的是，功能相似性组（而非外观相似性组）展现出了一种分类效应。显而易见，幼儿在目睹实验人员简短的演示之后，可以根据T形灰色零件的样式对小木块进行分类了。

这个实验说明了什么呢？参与实验的幼儿在此之前完全不认识这些物体，也没有任何与之相关的经验。即使没有先觉经验，他们也能将小木块分为两类——在控制条件下，这一举动完全建立于外观相似性。如果没有其他理由迫使宝宝改变做法，那么他们似乎总是会将外观相似性视为分类的基础。但如果他们获得了建立于其他信息的经验（比如，成分、功能、行为表现上的区别），作为分类标准的外观相似性就显得不是那么重要了。

人工制品的功能无疑可以促使宝宝关注物体的某些特性，而这对于他们稍后建立分类概念具有重要意义。在这一点上宝宝和成人并没有什么不同。开瓶器虽然有可能造型各异，但最关键的部分始终是金属螺旋，我们正是靠这个零件来辨别它的。

小结

从物体分类研究的结果可以得出结论，宝宝对于在日常生活中遇见的各种物体持有不同的想法。因此，假设他们关于一般物体分类、生物分类和人工制品分类的知识存在不同的发展方式也是合理的。基于这一基本假设，如今大多数认知发展心理学家都偏爱用领域特定方法描述思维的发展。学者们更愿意在每一个单独的知识领域内研究宝宝出生时到底具备哪些知识，又如何在心里重现物体和理解不同物体之间的关系，而不愿像让・皮亚杰那样通过实验全面地研究背后的发展机制。下文将会揭示这一点究竟意味着什么。接着我们将要讨论三大核心知识领域，以及它们在宝宝2周岁以前的建立过程，即物理学、数学和心理学。

2. 物理学思维

如今，在宝宝的物理学思维这一研究领域中有两位举足轻重的女科学家——蕾妮 · 巴亚热昂和伊丽莎白 · 斯佩尔克。她们与许多同事和博士研究生一起设计了大量创造性的实验。两人的主要研究对象是“期望违背范式”。如果在宝宝面前反复展现一个情景，那么他们很快就会适应这个情景。于是，幕布之后的关键事件出现了——宝宝会在自己已有的认知上建立一种期望，即幕布撤下之后会发生什么。一旦建立起了这种期望，这个宝宝已经熟悉了的情景就会变得无趣。幕布撤下以后会出现两种交替上演的情景：物理学上可能发生的事件和物理学上不可能发生的事件。通常来说，相比前者，后者与已经为宝宝所熟悉的情景更为相似。如果宝宝并没有可以影响他们建立期望的认知，那么他们就会认为前者更加有趣，因为在这一过程中，他们看到了更多表面上的新事物。但如果宝宝基于已有的经验建立了具体的期望，那么他们会更加长久地注意后者，因为后者对他们而言是陌生的。出于这个原因，人们认为，针对物理学上不可能发生的事件的视线偏好表现出了宝宝拥有的物理学知识。这又与平均观察时间的组间差异相关。

这里讨论的研究对象不是纯粹的感知过程，而是思维活动，因此这个范式对研究而言十分有益。在追加实验中，实验者常常在没有事先形成习惯之前展现两种实验情景，用以检验在这两种情况下是否也存在视线偏好。只有当结果为否的时候才能论证，紧跟在熟悉化阶段之后的视线偏向源自期望的构建。早期出现过许多针对这一结论的批评，因为当时人们还无法完全确定为什么宝宝会偏爱某一种实验情景，有时候他们单纯偏爱熟悉的情景。

鉴于这种批评，科学家在解释这一范式呈现的研究结果时显得更为谨慎。唤起宝宝某种特定视线模式的单一实验并不足以担当深入阐释的基础。通常来说，研究者会不断进行对照实验，直到确信实验结果。但这仍然远远不够。只有在不同的实验室里也能得到相似的结果时，研究者才能得出真正可信的研究结论。

2.1 宝宝天生就具备物理学的核心知识吗

宝宝知道重力的存在吗？他们明白一个物体无法穿过另一个物体吗？他们了解物体的运动轨迹不能自行改变吗？伊丽莎白 · 斯佩尔克是首个提出这一观点的人，即宝宝天生就具备少量但明确的、关于物理学的猜想，而且会通过这些猜想逐渐丰富自己的认知。这些所谓的核心知识是可以像感知机制一样通过进化过程形成的，因为这些核心知识有益于新生命的存活（通过在最初构建对物体的认知使他们得以成为宝宝），也促进了智力发育。哪些知识属于核心知识？斯佩尔克提出了 3 种适用于物理意义上的物体及其在空间中的运动的核心假设。

（1）凝聚力。物体是具有被限定的外部边界的完整单位。

（2）连续性。物体在连续的轨道上运动，并且占据一定的空间。

（3）联系。只有发生接触时，物体才会对其他物体产生影响。联系原则对于宝宝思维的重要性此前已经在关于“‘有生命-无生命’之间的区别”的讨论中详尽阐述过了，但另外两条原则是新提出的，在此进行进一步的阐释。

如果宝宝不知道凝聚力原则，就无法在自己的视线范围内区分、识别或者在运动中追踪物体。正如我们在普通心理学中了解到的那样，格式塔原则能够帮助我们感知具有被限定的外部边界的完整单位，也即物体。我们在讨论视觉感知的章节中曾经提道，在五六个月大的时候，宝宝就已经可以感受到所谓的主观轮廓了——举一个明白的例子，我们的感知系统甚至可以补全轮廓，以便我们获取对于物体的完整认知。

连续性原则的运用使得宝宝在早期就能认识到，一个消失在另一个物体背后的物体会在某一时间再次出现。当你为了购物而上街，在车流中有意识地左右观望时，你可以非常迅速地确定，物体总是消失在其他物体之后，但又会重新出现。试想一下，当你认为物体不在连续的轨道上运动，处理所有感知印象将会是一件多么复杂的事情。你的大脑将会感到不知所措，因为在某处总有东西不停地出现又消失。如果宝宝没有连续性原则的概念，便会出现相同的感受。

连续性原则可以帮助我们预测物体的运动轨迹，而这对于生存具有重大意义。至少，不运用这个原则就无法活着穿越马路。如果不存在连续性假设，我们也无法想象宝宝能够产生命体恒存性的概念。最后，这个观点建立于这样一种认知，即物体不会非物质化，并且在自身的感知以外占据一定空间。

稳定性原则与连续性原则紧密相关。成人能够理解运动轨迹相交的物体会发生碰撞，因为两个物体不可能同时精确地存性在于同一位置。最后，这个观点对于空间感知能力的发展至关重要，因为只有当一个物体位于另一个物体的背后，以至于人们不能完整地看见它时，人们才能够运用隐藏的深度指示刺激。这又一次说明，宝宝的感知和思维从一开始就受到了较大限制。

伊丽莎白·斯佩尔克的研究大致得出了以下结论：稳定性原则在极早期——大约在宝宝两个半月时——就已经开始被使用。为证明这一观点，斯佩尔克展开了以下实验：让一只球从高处掉落，在半路用幕布遮住它，不久之后移开幕布，宝宝会看到球正放在桌面上——这也是他所期望见到的。反复展现这个场景，直到宝宝不再对此产生兴趣。接着在桌上放一条长凳——位于地面和下落点的正中间，再次用幕布遮住关键场景出现的瞬间；球再次从高处掉落之后，移开幕布展现场景：与期望相符的场景中，球在长凳上，比之前的位置稍高一些；与期望不符的场景中，球在长凳下，即桌面上，和先前处于同一个位置——这是宝宝已经熟悉了的场景。不解释球是如何穿过长凳的。

仅仅几周大的宝宝也会发现上述场景比观察放在长凳上的球更加有趣。在水平面重复类似的实验，用滚动的球代替掉落的球，用墙代替长凳阻碍球的运动。在这一场景中，宝宝的反应和先前相似。破坏连续性原则和持续性原则的场景使得刚出生不久的宝宝更加长久地关注出乎意料的结果。

实验说明：在习惯化阶段，首先降下幕布，在幕布后使球从高处掉落，移开幕布之后就会看见球在地上。反复展现这一场景。在测试阶段，加入一块隔板，再次降下幕布，使球从高处掉落，移开幕布展现场景——球在隔板与地面之间（不可能），或者球在隔板上（可能）。

如果宝宝首先熟悉了配有长凳和长凳被移走的场景，那么他们的行为会有所变化。如果幕布移开之后，他们看到的是球在桌上(符合期望，但在新的位置)，那么他们就会觉得这一幕犹如发现同一个球浮在半空中一样有趣（不符合期望，但在先前的位置）。后一种情况违背了物理学中的惯性定律和重力定律，根据斯佩尔克的设想，宝宝不久就会明白这些规律。

惯性定律是指在碰到障碍物（前文中指桌面）、阻碍其运动轨迹的物体（长凳）或者受到外力（前文暂未涉及）影响之前，物体会保持运动速度和方向不变。重力定律是指在没有受到外力影响且没有处于某一平面的情况下，地球上的所有物体都朝向地表运动。测试场景中悬空的球就违背了这两条定律，但宝宝似乎没有受到影响。根据斯佩尔克的观点，宝宝 8 ~ 10 个月大时，首次开始对这两条定律加以考虑，但相关的认知还远没有稳固，而且在发展过程中显得不太可靠。

蕾妮 · 巴亚热昂持与伊丽莎白 · 斯佩尔克不同的观点，认为宝宝可以将物理学事件与连续性原则和稳定性原则协调统一。她针对两个半月大的宝宝所做的研究证实了这一假设。在其中一项研究中，宝宝坐在一个配有两块幕布的小舞台前方，两块幕布之间留有空隙，如果宝宝看见一只米老鼠从舞台左侧穿过，并且在幕布后滑行，但只在空隙处露面，那么他们会觉得这种场景不如另一种场景有趣，即米老鼠依旧从舞台左侧穿过但并不在空隙处露面（其实每一块幕布后面都有一只米老鼠）。巴亚热昂由此推断，宝宝已经可以察觉违背连续性原则的现象。

宝宝天生具备核心知识这一观点至今仍然饱受争议，原因众多：首先，人们几乎无法排除宝宝在出生以后到 3 个月大期间通过经验获得相关知识的可能性，也不可能对新生儿进行对照实验，因为他们的视感觉还未发育完全。因此，宝宝究竟是天生具备核心知识还是通过早期学习才获得核心知识，目前尚无定论。

其次，大多数关于早期物理知识的、源自经验研究的证据都是借助期望违背范式得出的。正如前文所述，在相关实验中，实验结果并不能充分证明宝宝具有更高的思维能力，因为总是可以间接地从宝宝的视线偏好推断出他们对于知识的运用。

但不得不承认的是，在不同实验室进行的各式研究都明显得出了相似的结论。所以，在相关知识的基础上进一步思考还是有意义的。毕竟，天生的感知模式和偏好是确实存在的（比如，盯着人的脸看）。如果这种说法是成立的，那么这些说法同样应该是成立的——其他神经处理机制和那些为高级思维过程预备的机制也是与生俱来的。物理学和其他知识领域一样，思维涉及它的相关主题绝大部分会在童年时期和稍后的成长中得到进一步发展。斯佩尔克和巴亚热昂都看到了这一点，并且投入大量精力描述了某些次级领域的这一发展形势。下文将挑选其中某些领域做进一步的讨论。

2.2 关于支撑关系的思维发展

谁没见过这种场景呢？宝宝怀着非常大的乐趣和耐心，一再将桌上的一些东西推下去，让母亲或父亲一次次将掉下去的东西捡起来，再开始新的游戏。宝宝从这些游戏中体验到什么呢？也许他们已经知道什么了吗？这类问题使人联想到伊丽莎白 · 斯佩尔克关于重力的实验。实验显示，当宝宝看到一个物体悬在空中移动，他们并不一定会感到惊讶。实际上，宝宝自出生开始能够积累多少关于重力的经验，是非常值得注意和思考的。

蕾妮·巴亚热昂也对这一主题展开了研究：为了得到更多与此相关的信息，她在宝宝面前放置一个带有条纹图案的长方形小平台，平台上有一个其他颜色的正方形盒子。巴亚热昂推动盒子到平台的边缘，使盒子保持在不掉下去的位置（支撑面的 35% ~ 85%）。

二义性示例

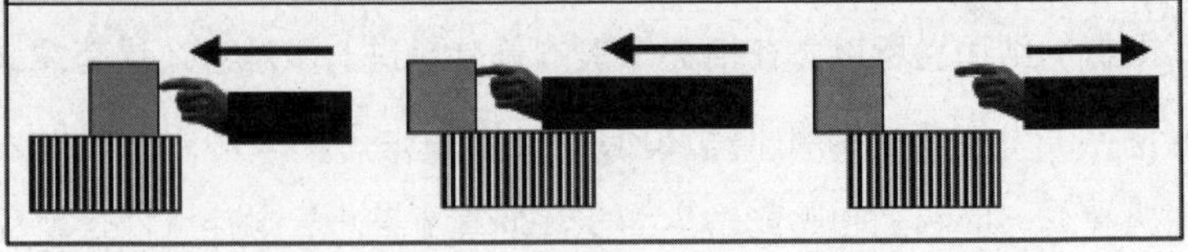

用一只手推动条纹平台上的盒子，直到盒子伸出平台的边缘，然后把手收回来。盒子伸出去的距离会发生改变（35%、85%、100%）。

令人感兴趣的研究问题是，宝宝能识别出物理学的可能事件（盒子伸出 35%）和不可能事件（盒子伸出 85% 或 100%）之间的差异吗？

从物理学角度来看，重心在这个问题上起决定性作用。在正常情况下，人们认为，只要将盒子推出超过其自身底面面积的 50% 时，盒子便会掉落。从宝宝的视角来看则是另一种情况。巴亚热昂发现，半岁以下的宝宝似乎会以一个简化的规律作为出发点：只要上面的盒子和下面的平台还有接触（即使盒子几乎完全悬在半空中），盒子也不会掉落。只有 6 个半月以上大的宝宝才逐渐懂得，上面的盒子 85% 悬空这种场景实际上是不可能的。无论如何，蕾妮 · 巴亚热昂通过对比控制条件下宝宝的关注时间得出了结论。在条纹平台旁边，还有另一个单色的平台，以至于无论盒子被推出条纹平台边缘的位置有多远，盒子其实也不会掉落。当盒子仅被向外推出 35% 时，研究者并未找到两种条件下宝宝目光移动的任何差异，但是当盒子被推出超过边缘 85% 时，反倒出现了差异。此时，半岁以上的宝宝观察悬浮盒子的场景明显要久于控制场景。

在这一点上，巴亚热昂所展示的知识获得过程尤为清晰：从完全不知道支撑关系（参阅斯佩尔克关于下落球的实验）和存在接触

（无论接触多少）才有支撑的简单规律，到了解差异化的规律——这取决于接触或支撑的数量。到某个时候，确切来说是在后期，人们才会认识到，一个物体面积或体积的大小不重要，重要的是物体的重心，但这肯定与宝宝的年龄不相符。

根据蕾妮 · 巴亚热昂的设想，宝宝在这个实验中的预期形成过程总是被描述为解决问题过程去理解，其中宝宝会将不同形式的知识联系起来，从而做出预测。从推盒子的实验中我们能很好地看出这一点。实验显示，6 个半月大的宝宝期望一个底面大部分与平台没有接触的盒子向下掉落。3 个半月大的宝宝对于盒子几乎悬空这一现象只是表现出了惊讶。但当人的一只手向外推动盒子时，宝宝的行为却有所改变。如果人的手与盒子继续保留物理学上的接触，无论是手拿住盒子（控制条件）或是用食指接触盒子（实验条件），那么，宝宝对于测试场景中盒子不再有支撑的现象都不会展示出任何的目光偏向性。只有当手收回且盒子单独悬浮在半空中时，宝宝才会对这一物理学不可能事件展示出更高的兴趣。蕾妮 · 巴亚热昂将这一结果解释为宝宝在对场景进行思考，并得出了与场景的框架条件有关的物理学结论。在这种情况下，宝宝的出发点在于对想法进行了部分简化（即只要一个物体接触另一个物体，它便不会掉落），但他们会灵活地做出反应并去理解他们的眼睛所具体看到的东西。

我们必须注意到，在限制条件下，蕾妮·巴亚热昂和伊丽莎白·斯佩尔克两人关于宝宝对重力的理解持有不同的观点。斯佩尔克认为，宝宝在 8 ~ 10 个月大时，这一思维才得到发展。与之相对，巴亚热昂间接地表示这一思维在宝宝 3 个半月大时便已经存在。重要的是，要考虑到这一关系中准确的前提条件，并在这种条件下运用特定的知识。因此，时间顺序、具体参与的物体及其彼此之间的空间关系对特定年龄的宝宝是否形成了具体的期望来说，是很重要的。即使抛开这些方法上的细节，我们也可以确定，宝宝关于重力的知识显然是在 0 ~ 1 周岁就得到发展的。

2.3 关于空间关系的思维发展

一方面，人们要知道“上”和“下”、“前”和“后”、“大”和“小”这些概念的意义；另一方面，还需要使用这些意义的知识，从而理解这个世界。我们必须一再让大家明白，为了奠定这些理解过程的基础，宝宝出生后的第 1 年是很重要的。蕾妮 · 巴亚热昂还做了关于这一主题的一系列有趣的实验。

这位研究者想研究宝宝对于大小关系的理解。为此，她向 5 个半月大的宝宝展示了一个先从右向左、然后从左向右滑过舞台的兔子形象。在舞台中央有一个墙幕，墙幕后方有一只兔子形象暂时消失。让宝宝观看“大兔子”和“小兔子”交替的场景，直到他们对此感到无聊。熟悉化过程结束之后，从墙幕上去除一块地方，以便能产生一个向上打开的大“窗户”。

在测试场景中，宝宝继续观看两只“兔子”运动的场景，但在墙幕上的窗口处两只“兔子”都没有出现。对“小兔子”而言，这是一个可能事件，因为“小兔子”的耳朵低于窗子的边缘。但对“大兔子”而言，这却是一个不可能事件，因为“大兔子”的耳朵不得不出现在窗口中（事实上，实验采用了两只“大兔子”：一只站在窗口的左侧，另一只在右侧）。5 个半月大的宝宝对不可能事件，也就是那种有“大兔子”的场景展示了更强的关注。

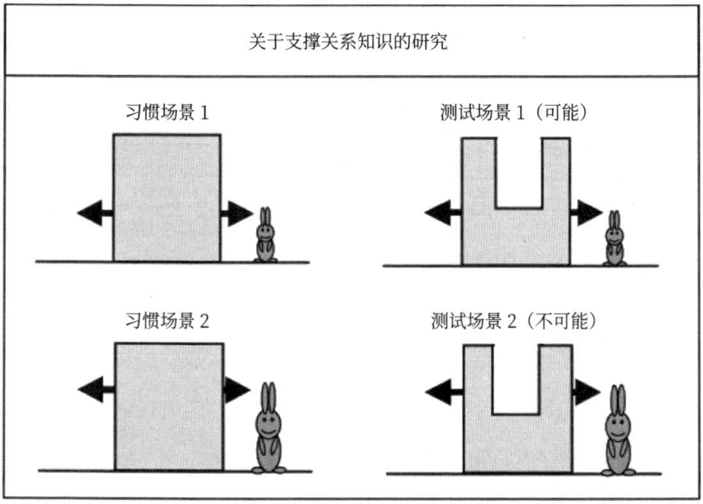

关于支撑关系知识的研究

在**习惯化阶段**，宝宝熟悉了交替展示的两种场景：一只“小兔子”（场景 1）或者一只“大兔子”（场景 2）在一面墙幕后来回滑行。

测试阶段开始的时候，除去墙幕上中间偏上的一部分。然后，再次交替展示“小兔子”和“大兔子”。它们在墙幕后方来回滑行。从墙幕上的窗口看不见任何东西。其中，“小兔子”涉及一个可能事件，“大兔子”涉及一个不可能事件。

蕾妮 · 巴亚热昂稍微调整了一下方式，再次进行了一次同样的实验。她让宝宝仅仅习惯“小兔子”的场景，“小兔子”完全隐藏在墙幕后方并沿着墙幕滑行。在测试场景开始之前，她除去墙幕上方或下方的一部分。此时，不可能事件只出现“小兔子”在墙幕后方运动且未出现在上方窗口中的情况。在可能事件中，它不会出现在上方的窗口中。令这位女科学家惊讶的是，5 个半月大的宝宝并未区分这两种测试场景。巴亚热昂将其解释为宝宝解决物理学问题能力的一种表现。她相信，宝宝认为窗口的两侧各有一只兔子（但事实并非如此）。

然而，当人们从消极的结果得出更高级思维能力的结论时，一定要谨慎，因为总还是存在着一些可能的解释（例如，宝宝根本看不出两种测试场景之间的差异）。蕾妮·巴亚热昂的观点是否正确，或者说，是否存在更简单的证据来解释宝宝没有展示出目光偏向性这一现象呢？这些问题暂时还没有确定的答案。如果人们假设，宝宝确实对空间关系做了思考，那么结果或许会是证明“宝宝很早便认识到***物体恒存性***，这不仅体现在他们知道墙幕后方有东西，也知道这个东西有多大、它是如何运动的以及它们应该在何种情况下被看到”这一说法的强有力的论据。

另一系列的实验研究了***内容关系***。巴亚热昂及其同事让 5 个半月大的宝宝坐在一个小舞台前，舞台上可以看到两种遮挡物——一只透明的塑料杯和一个相对大一点的外罩。外罩中有一只小熊。让宝宝观察这一场景一小会儿之后，在物体前方放下墙幕，使得他们不再能看到这两种物体。接下来，一只手在墙幕后方运动，将外罩再次带到墙幕前方，然后消失在舞台边缘。接着，一只空着的手重新回到舞台上，伸进墙幕后方，拿着“小熊”出来。这个结果是可能的。与此相对，如果一开始将“小熊”放在玻璃杯下面，这便是不可能的结果——用手先拿出外罩，而后在墙幕后方拿出“小熊”是不可能的，因为杯子还没有被移开。

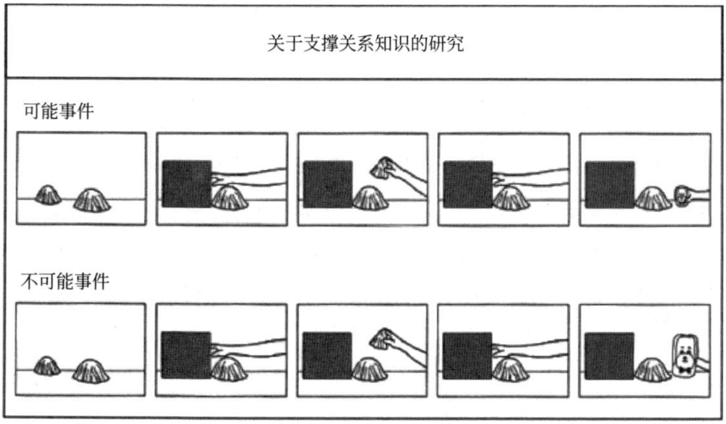

在这一实验中，宝宝看到了两种不同大小的物体，它们均被幕布遮住。然后，在较小的物体前面放一面墙幕，一只手伸进墙幕后方。

手从墙幕后方拿出一个较小的物体（可能事件）或一个较大的物体（不可能事件）。

尽管控制条件和实验条件之间的测试场景相同，宝宝观察不可能事件结果的时间却长于可能事件。如果同样的实验使用了一只塑料杯，杯子向上打开并静止在那里，“小熊”的头部从杯子边缘向外伸出，以便人们可以顺利地从杯子上方拿出“小熊”，那么，实验条件和控制条件之间便不再存在差异。从上述结果中，蕾妮·巴亚热昂得出了不同的结论：①不同年龄的宝宝一定认识到物体恒存性，并且当这些物体（玩具熊、杯子、外罩）被隐藏在墙幕后方时，他们也能够认识到它们的存在。②宝宝一定清楚，手并不能够穿过塑料杯的杯身拿到东西，这意味着对稳定性原则的破坏。

小结

上一节描述了斯佩尔克、巴亚热昂及其同事的研究，这些研究围绕着宝宝1周岁期间的物理学原则的知识和理解展开，并使用了**期望不符示例**。如果人们忽略具体内容，即单个实验研究的内容，那么，目前便有3种核心论点以供讨论。

- 宝宝不仅生来具有特定的感知能力，还拥有物理学上的核心知识。这些知识包括形式内在联系相关的知识以及物体存在和运动的持续性，包括两个物体从来不会同时在空间中占据同一位置，且只能通过直接的相互接触开始运动。

- 在他们关于物理学事件的解释中，宝宝首先利用了一般规律（例如，与其他物体存在直接接触的物体不会掉落），这些一般规律只有通过不断积累的经验才能变得更精确化（有一个相关的例子：对放置在某处的物体而言，重要的是它们放置的位置远近；对和其他物体有接触的物体而言，重要的是这一接触看起来有多精确）。

- 宝宝解释场景，并对物体不同情况及其相对关系灵活做出反应。他们从很小的时候开始就是物理问题解决者。

3. 数学思维

宝宝思维中的关于领域特征的想法是很好被理解的，尤其是当人们知道，对于因果的思考与对于数字、数量和数学规律的思考有所不同的时候。但这是学习经验的结果还是大脑中一开始就存在的不同方式处理的结果呢？人们要回答这一问题，大概还需要一段时间。首先，必须找出宝宝对于数量究竟知道哪些知识。

正如我们将要看到的，宝宝在 1 周岁时就已经感知到数量并根据其大小进行区分。早在 20 年前就已经有相关的研究，人们让 4 个月大的宝宝熟悉两三个点的不同位置。熟悉化过程完成以后，测试时将添加或减少一个点。在这两种情况下，宝宝都表现出更多的兴趣。他们注意到了变化——这与点的数量是否增多或减少无关。如果人们进行相同的实验，但使用较多的点数，以便能看到 4 ~ 6 个点的变化（反之减少），宝宝则未表现出更多的兴趣。人们甚至在新生儿身上也发现了类似的现象。

普伦提斯 · 斯塔基（Prentice Starkey）——第一个想到这一实验的人，后来又想出了更多的实验，以便了解宝宝数学思维相关的某些东西。在一个实验中，宝宝观察 2 个或 3 个点并排而列的图片。在这两种图片之间的扬声器中传出 2 种或 3 种鼓声，其中每种声音的绝对音长保持恒定。六七个月大的宝宝偏爱那些与鼓声数量保持一致的点数。从这一研究结果中，人们可以得出以下结论：**宝宝能够数到三，并且能够在声音和视觉感知之间建立联系。**这一观点让研究者十分激动。现在，人们想知道：宝宝真的可以数数吗？又或者他们只是无意识并且直观地理解了数量？

十多年以前，卡伦·温（Karen Wynn）就在寻找验证上述问题的可能性。她让 5 个月大的宝宝坐在一个小舞台的前方，他们看到一只米老鼠玩具站在舞台上，一面墙幕在其面前一定的间距内缓慢地来回上下移动。如果宝宝习惯了这一场景，便会发生一些新的事情：当墙幕还遮挡着米老鼠玩具时，一只手从幕后来到舞台上，将第二只米老鼠玩具推到墙幕后方，然后这只手再次空着回去。接着，墙幕被升高，视野变得开阔，可以看到两种测试场景中的一种：宝宝要么再次看到一只米老鼠玩具站在舞台上，因为当墙幕还遮挡着重要场景时，实验人员在舞台后面打开了一个活动门板并偷偷地将后来出现的米老鼠玩具再次带走（数理上的非期望事件）；宝宝要么会看到两只米老鼠玩具站在舞台上（期望事件）。也就是说，只看到一只米老鼠玩具的场景虽然是熟悉事件，却不是被期望的，而看到两只米老鼠玩具的场景虽然是不熟悉事件，却是被期望的。

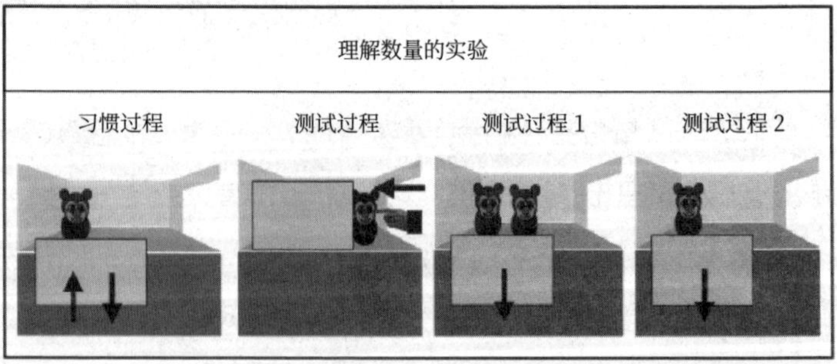

在**习惯化阶段**中，墙幕在一只米老鼠玩具面前来回升降。

当墙幕遮住了米老鼠玩具时，**测试阶段**开始了。一只手将另一只米老鼠玩具推到墙幕后方并再次将其拉回来。

在接下来的测试过程中，只要墙幕再次下落，人们便看到一只或两只米老鼠玩具。这测试了宝宝对哪种测试场景比较感兴趣。

在这些情况下，宝宝观察只有一只米老鼠玩具场景的时间较长。现在人们能够提出反对意见，即这还不能论证宝宝具备"1 + 1"计算的能力，因为宝宝一般来说更喜欢观察一只而不是两只米老鼠玩具。但这一说法是站不住脚的。两种现象说明了相反的观点：

（1）在控制条件下（也就是说，没有事先的熟悉化过程），宝宝观察两只米老鼠玩具的场景时间较长。

（2）如果人们将这一实验反转，使宝宝习惯两只米老鼠玩具，并在测试阶段开始的时候让一只手出现，使宝宝可以清晰地看到这只手在墙幕后方将两只米老鼠玩具中的一只拿出来并拿走。接下来，宝宝观察有两只米老鼠玩具的场景时间较长——又是一次非期望事件。

托尼·西蒙（Tony Simon）和苏珊·赫斯珀斯（Susan Hespos）做了相同的实验，但有一些有趣的改变：他们将墙幕后方的形象换成了另外一个看起来完全不同的形象（例如厄尼和伯特），从而测试宝宝是否真的会对数量的变化做出反应。事实也是如此。如果我们记得徐飞和苏珊 · 凯莉研究***物体个性化***的实验，就不会对此感到奇怪了。宝宝有一种印象，即墙幕后方有某样东西，他们也可能记得这一东西的数量和准确位置，但不确定在那里找到的东西看起来具体是什么样的。因此，宝宝的记忆功能尚未得到足够的发展。

卡伦·温后来又用其他的数量条件重复进行了她的实验（例如，3-1、5+5 或者 10-5），同样证明了她最初的结果。其他的研究者们沿用了她的方法并将其扩展到内在模式的研究中，这些研究得到了相似的结果。尽管如此，人们是否真的能从上述观察结果中得出宝宝可以数数这一结论，迄今为止还具有争议。为什么呢？

莱斯利 · 科恩（Leslie Cohen）和凯瑟琳 · 马科斯（Kathryn Marks）认为有证据表明，在所描述的计数实验中，5 个月大的宝宝普遍倾向于偏爱熟悉的测试场景——无论这种场景的事情是可能的还是不可能的。其他的研究指出了另一个问题：有关现有物体的数量的信息通常无法清晰地与有关其他物理属性的信息分开，例如，物体所占面积或可见轮廓的百分比。我们想想第一个关于点的实验，就不得不承认，随着点的数量的变化（所有的点大小均相同且为黑色，背景为白色），黑色所覆盖的面积大小也发生了改变。因此有可能宝宝并不是真的对点的数量变化有所反应，而是对测试图片中黑色和白色的数量变化有所反应。这或许可以证明宝宝对数量有一定的领会能力，但不能证明他们会数数。

类似的方式还可以证明在交叉研究中宝宝更乐于见到所展示的点的数量与鼓声的数量相一致，因为他们关注的是鼓声次序的密度，而不是鼓声的数量多少。后续研究表明有必要非常严肃地对待这类论点。一般来说，非常难以做到在研究中采用能够减少或者完全避免得出错误结论的风险的材料，但是这点也极其重要。做过此类尝试的研究者（包括徐飞、凯莉和斯佩尔克）不能证明卡伦 · 温的论点，但是他们观察到了另一个有趣的现象：6 个月大的宝宝能够区分 8 点和 16 点（这些图像在亮度、轮廓长度、密度、各个圆点的大小以及整张图片的大小方面完全相同），但是不能区分 8 点和 12 点。同样地，相同年龄的宝宝能够区分 16 点和 32 点，但不能区分 16 点和 24 点。4 点和 8 点他们同样可以区分，但无法区分 2 点和 4 点或者 1 点和 2 点。从这样的结果中，我们能得出什么结论呢？

宝宝似乎生来就具有对数量的直觉理解力，但是前提是数量必须大于 3，而且数量的差距为 2:1（或者至少小于 2:3）。在成人和动物身上观察到的结果也进一步支持了这一假设，这些观察表明，大小相似的数量比大小差距很大的数量更难区分。因此，相较于 19 和 20，无论是动物、宝宝还是成人，都更容易一眼识别 10 和 20 之间的差异。就连宝宝似乎对数量也有一种“隐约的”、但一般来说又并不确切的感觉。在这方面，区分较大的数量显然更难一些。因此，800 个和 900 个单位之间的差别就不像 100 个和 200 个单位那样容易区分，尽管两组数值之间的差距是一样大的。此外，这一发现不仅适用于点的数量，还适用于其他可量化的物理学纬度，比如亮度或音量。同时，越来越多的证据表明，属性的量化表现在双侧颞叶特别规定的大脑区域中，并且不依赖于属性的性质。

有趣的是，对小额数量和数字的处理似乎遵循它自己的规律，因为相关实验的结果与使用大于 3 的数量得出的研究结果不大吻合。费根森（Feigenson）、凯莉和豪泽尔（Hauser）让 10 ~ 12 个月大的宝宝在一块大的薄脆饼干和两块小的、面积加起来刚好是大饼干的一半的小饼干之间进行选择，宝宝会选择大的饼干。如果宝宝可以在一块较大的和两块较小的饼干之间做出选择，而大的那一块的大小不再有两块小的加起来的两倍，那么宝宝不会表现出明显的偏好。如果所有的饼干同等大小，宝宝显然会选择数量更多的那一组，只要选择的范围在 1 块和 2 块或者 2 块和 3 块之间。相反，如果他们得在 2 块和 4 块之间、3 块和 4 块或者 3 块和 6 块之间做出选择，只要超过了神秘的数字上限 3，就不存在任何系统的偏向性。

从这些结果中，研究者得出了一个结论：与更大的数量相比，对 3 或 4 以下的数量的处理方式有质的不同。相似的观察结果在猴子身上也可以看到：它们能够很容易地区分较少量的苹果，但苹果的数量一旦超过了 4 个，它们就无能为力了。如果给成人短暂展示一张有一定数量的圆点的图片，然后问他们有多少个，那么圆点的数量越多，他们作答需要的时间就越长。但是做出反应的时间并不是均匀地增加。如果圆点的总数少于 4，那么每增加一个点，增加的作答时间最少只有 50 毫秒。超过 4 个以后，每增加一个点，作答的时间大幅增加（多达 300 毫秒）。通过这些观察以及其他观察可以引发一种假设，即人类和其他高级哺乳动物在进化过程中形成了一种可以把握小额数量的直觉的数字意识，这种意识使他们无须计数就可以一眼识别出小范围的数量。这在专业术语中被称为***数感***。一旦我们要处理的对象是较大额的数量，那就需要真正来计数了。因为宝宝尚不能做到这一点，所以他们只能大致地判断数量。只有当所给的两组数量之间的差别足够大时，他们才能识别出来。而当给出的数量简单明了时，识别的成绩就更好。

直到今天，人们尚不清楚自己是如何能够准确地把握小额的数量的。费根森、凯莉和豪泽尔的出发点是***并行的个性化（对象文件）***模型。这个模型认为，对于每个引起观察者注意的对象，我们的头脑都会在想象中打开一个自己的对象文件，最多可以并行打开三四个这样的对象文件。这个模型对注意力行为做出了比较普遍的说明，它的优点主要在于可以解释为什么某些物理变量（例如对象所占的面积）能够影响数量的差异。如果，我们的头脑中有***模拟的数字意识***，那么相应的因素应该不会影响到我们对数量的估计，只有现有各元素的数量才是决定性的。但是事实并非如此，而且从生物学的角度来看几乎没什么意义。比如，我们想想饼干的例子：如果我想要吃更多的一份，那么我真正感兴趣的根本不是饼干的具体块数，而只是饼干的总体积。

还可以想象这种情况，即我们的头脑中既存在着对数量的模拟表现，又并行打开着对象文件——也许进化使我们能够一眼感知到 4 以下的小额数量，同时又使我们具备一种能够为每个个体打开一个自己的对象文件的能力。这个问题有待未来的研究来解释。

小结

宝宝和成人对数量信息的处理从根本上来说没有什么差异，但是似乎遵循着普遍的、可比较的规律。显然宝宝生来就具有区分数量的能力。给出的两组数量之间的差距越大（绝对值和相对值），他们就越容易区分；如果游戏中出现的数量比较小，而不是一个较大的数量时，他们区分起来也更容易。在这个过程中，他们一开始是将有关数量的信息与有关其他物理学上的重要因素（如有待比较对象的面积大小、轮廓长度）的信息联系在一起，到了以后宝宝才能够单单关注手头现存对象的数量。正如对于物理学思维那样，对于数字意识我们也可以确定的是，新生儿不大可能像一块白板一样来到世间，而是为有效处理数量信息做好了充分准备。

4. 心理学思维

正如我们已经多次强调的那样，生物的一个特征就在于自身控制其运动行为。与球类不同，鸟类通常不会从天上掉下来，而是停留在空中，除非它们遇到障碍物。鱼会逆流而上，陆地动物会沿着非线性的运动轨迹爬行或奔跑。各种生物都会自行开始和停止自己的运动。但是，它们为什么要这样做呢？

它们有自己的理由。如果我们想要解释生命体的行为，就要谈到***意图***，它是指动机、需求、兴趣和愿望等。在当前情况下，它可能就类似于人饿了然后走向桌子，因为他想吃东西。意图通常针对一个特定的目标（在这里就是吃东西）。宝宝是否已经懂得生命体具有意图并会表现出目标明确的行为呢？他们知道每个生命体都具有不同的精神状态，对于这些精神状态我们只能间接地推断出来吗？他们是否知道人们在社会关系中会承担特定的行为角色？对于这些问题有很多精彩的研究，这里只能举几个代表性的例子。

4.1 宝宝会识别出有意图的行为吗

首先我将谈到的是一些根本没有出现真正的生命体而只有抽象的图形的研究。菲利普·罗查特（Philipp Rochat）和他的同事所做的实验就是这种情况。两个不同颜色的点在计算机屏幕上移动。在一种实验条件下，这两个点的情况就像猎人和猎物一样，也就是说，一个点会加速并远离另一种颜色的点，只要后者离它太近。相反，如果它与追捕者的距离加大时，它就会慢下来。第二个点始终跟随着第一个点的运动路径。在另一个实验条件下，宝宝会看到两个点如何以类似的方式运动，但是它们的运动模式并不像第一种情况那样协调。点的加速、减速以及运动方向都与彼此无关。如果让每一组 9 个月大的宝宝习惯这两种场景之一，然后接下来把相同的场景再给他们展示一遍，只是现在两个点的角色互换，那么相较于两个点彼此独立运动的实验组，两个点呈猎人和猎物状态的实验组的宝宝对测试场景更感兴趣。这可以被解释为一种暗示，即只有在第一种情况下这些点才具有一种社会角色（从而具有一种意图），宝宝才会奇怪为什么猎人突然变成了猎物；反之亦然。第二种情况下没有可比的社会角色，以至于两点之间互换身份也没有多大的意义。

杰尔杰伊·奇布劳（Gergely Csibra）及其同事同样对宝宝早期关于意向性的理解力感兴趣，他们也利用计算机屏幕上移动的图形进行了实验。在研究小组于 1955 年公布的一个此类实验中，12 个月大的宝宝看到一个大圆和一个小圆，两个圆被一个黑色的障碍物（一个黑色的长方形）隔离开来。运动开始之前，两个圆有节奏地跳动两次，看起来仿佛它们在呼吸一样。接着小圆滚向障碍物，又再后退一段距离，然后跳跃过壁垒。到达另一边后，它朝大圆滚过去，两个圆又再次一起跳动。成人会假设小圆意欲与大圆结合起来，并为此而克服障碍。

到了测试阶段，障碍物被移开了。科学家做出了以下预测：如果宝宝觉得小圆有自己的目的，那么当小圆沿着直线路径靠近目标时，即使它的运动轨迹现在已经大大偏离熟悉的场景，宝宝在测试中应该不会感到惊讶。如果宝宝并不认为小圆有自己的意图，那么当“墙”被移走后，小圆仍沿着先前同样的路径运动时，宝宝也应该觉得很正常，而如果小圆突然走了一条全新的道路，宝宝应该感到惊讶。

宝宝早期对意图的理解力的实验

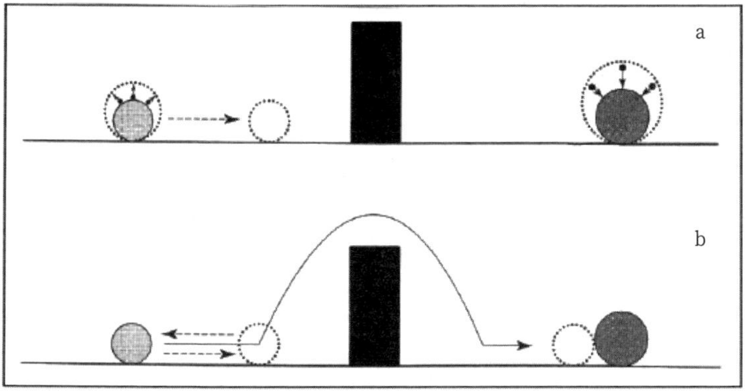

在**习惯化阶段**给宝宝展示一个计算机动画片，片中有一大一小两个跳动着的圆，它们分别位于一个障碍物的两侧。小圆朝着障碍物的方向滚动一段距离，又再折回来，然后重新开始移动并跳越过障碍物，直到靠近大圆的位置才静止不动。

在**测试阶段**障碍物被移开了，宝宝交替看到两种测试场景：在测试场景1中，小圆像之前一样运动。在测试场景2中，小圆沿着直线轨迹朝大圆的方向运动。

事实上，宝宝的目光表明他们对小圆继续跳跃前进的第一种测试场景更感兴趣。奇布劳及其同事认为这是一种迹象，它表明宝宝将发生的事情理解为小圆的一种有目的的行为，宝宝原本以为如果没有障碍物挡路的话，小圆会选择直线道路前往目的地。奇布劳后来又在9个月大的宝宝身上做了相同的实验，并得到了相同的结果。

现在，读者可能会问，为什么两项研究都要用计算机显示器上抽象的点或图形来弄清楚宝宝是如何思考生命体的？这个问题的答案其实非常简单：如果展示的不是抽象的形状，而是真实的生命体，那么我们可能永远也搞不清楚，到底是外观特征还是行为特征使得宝宝产生特定的期望。而让宝宝研究人员真正感兴趣的是，这些对象必须展现哪些***行为***才能被感知为是有意图的。所以用抽象的计算机动画来进行实验是非常有必要的。

根据上述描述的结果，我们可以推测出，当对象在不发生物理接触的条件下使自己的行为与其他对象或物体相协调时，对意向性的感知就会变得可能。但是它可能并不是要一种完美的偶然性。假设第一个实验中的两个点之间始终保持相同的距离，那么会给人造成这样一种印象，即两点之间存在一种看不见的联系。它们不会彼此做出反应，但它们的运动行为却直接互相依赖，这样的话进行角色转换就不会那么有趣。

再回想一下第二章里所讲的关于宝宝的社会参与的内容：新生儿依赖于成人感知其发出的信号，依赖于成人去弄明白他有哪些需求和意图，并帮助他去满足他的需求。因此，从宝宝生下来一开始，生命体之间就要彼此做出反应。此时，父母对宝宝反应时表现出完美偶然性不一定最有利于宝宝的发展。如果父母的反应原则上是可以预测的，但又并非百分之百可以预测，这样似乎更好一些。因为这样会使得生命体的行为成为一种特殊的东西——他们根据自己的意图、物理学的框架条件以及其他生命体的需求灵活做出反应。他们的行为通常都是理性的，尽管很少能够被准确预测到。理解这一点是早期童年时代一个核心的但绝非毫无意义的发展任务。

如上所述，意图是有目的指向的。上文描述的实验中的意图是“逃离追捕者”“追逐猎物”和“靠近另一个对象”。第二个实验中还有一个有趣的框架条件：如果存在一个具体的行动目标并被宝宝认识到，那么宝宝显然不会预期始终以同样的方式实现这个目标，而是预期以最佳的方式来达成目的。这在模拟行为中也很明显。

4.2 人际交往时的意向性理解

理解他人的意图——明白一个人为什么做某事，以及为什么以某种特定的方式做某事——并不是那么容易。在宝宝2 ~ 5岁期间，也就是过了1周岁以后，可以观察到最显著的变化。但是在宝宝身上可以观察到的所谓的***心智理论***（Theory of Mind）是有最初的预兆的。下文会介绍一些其他的研究对意向性的理解的实验，但是在这些实验中，参与者的外表信息也起到了一定的作用。

阿曼达 · 伍德沃德（Amanda Woodward）做了下列有趣的观察：她让6个月大的宝宝坐在一个小舞台前方，舞台上并排放着两个小讲台。左边的讲台上放着一个球，右边的讲台上放着一个小熊玩具。在熟悉化阶段，宝宝反复看到舞台右边伸出一只手，拿走右边讲台上的小熊玩具，然后手退回去。在适应阶段之后，舞台被遮挡起来，实验人员在宝宝看不见的情况下悄悄交换了小熊玩具和球的位置。接下来重新让宝宝看到舞台上发生的事，手还是从舞台右边伸出来。在第一种测试场景里，手拿走左边讲台上的小熊玩具(路径是新的，所取的对象是旧的)；在第二种测试场景里，手拿走右边讲台上的球（路径是旧的，所取的对象是新的）。

宝宝明显对更换了对象的场景更感兴趣，尽管手的动作跟原来是一样的。如果把人的手臂换成一个机械手臂（或者在人的手臂上套一个金属光泽的手套)，那么他们更喜欢看改变了路径的场景。按照这种结果模式，即使是非常幼小的宝宝，似乎也只是对人手（有皮肤、有毛发的真正的手）抱有期望，希望它去有目的地抓取一个特定对象——无论这个对象处在什么位置。但是显然这里对对象的识别起到了非常核心的作用。丽贝卡·萨克斯（Rebecca Saxe）及其同事对早期因果理解的发现以及我在本章开头讲过的我们自己关于***歧义范式***的研究也都指向相似的方向。对此我们需要考虑到的是，宝宝很早就把人和动物当作特殊的物种来感知。只有当宝宝能够根据所给定对象的外观特征或者行为清楚地认识到这是一个生命体时，他们才会觉得它具有意图。当然对象如果是人的话最容易，因为宝宝最熟悉的是人。

4.3 心理学知识和非语言交流

在日常生活中也可以观察到宝宝在 1 周岁的后半期有越来越强的对意向性的理解力，而且通过非常简单的行为就看得出，比如追随成人的手势或目光。宝宝为什么要这样做？要做到这一点需要哪些能力？首先，宝宝要明白人（或动物）是用眼睛来关注特定事物的。如果我们想知道别人在关注什么，我们就得跟着他的目光看过去。反过来，如果我们想要能够跟别人交流世界上的事物——包括非语言交流，这也是很重要的，手势便是目光的一种延伸，它使我们更好地理解注意力所集中的方向。如果他人伸手抓取或触摸一个物体的话，我们就能更容易地明白他所指的意思。宝宝在日常生活中经常看到人们首先是朝某样东西看过去，然后朝相应的方向伸出胳膊，最后再把它抓住。伍德沃德的实验表明，抓握是一种运动机能的行为，宝宝很早就把它理解为是有目的的。如果只把目光当作一种提示刺激，那么宝宝需要更长一点的时间才有这个能力。以下实验表明了这一点。

一个人坐在宝宝的面前，他前面左右两边各放一个有趣的物件（比如，还是一个小熊玩具和一个球）。这个人首先望向宝宝，然后目光转移到其中一个物件上（比如小熊玩具身上），同时眼睛里流露出惊讶和喜悦之情，伸出双手抓住这个东西，把它拿到自己怀里，放在自己的肚子前面。反复给宝宝演示这种场景，以使他能够习惯。接下来出现了一块幕布，挡住了这种场景的下面部分。现在宝宝只能看到这个人的上半身和头部。宝宝再次看着这个人以同样的兴趣像刚才那样望向同样的方向。过了一小会儿幕布降下来了，没有什么东西挡住宝宝的视线了，他将会看到这种场景两个可能的结局之一：这个人要么抓住小熊玩具（符合预期），要么抓住球（违背预期）。只有12个月大的宝宝才会更关注那种违背预期的场景。他们似乎感到很惊讶，一个人怎么可以望向一件东西而又伸手去拿另一件东西。

贝亚特·索迪安（Beate Sodian）和克劳迪娅·特尔默（Claudia Thoermer）发现，12个月大的宝宝会把各种交际性手势（看、指向、抓握）理解为一个人打算采取行动的提示。如果一个人满怀兴趣地注视着一个对象，同时又无意地触摸另一个对象，宝宝在预测他的行动时就会参照他有意采取的有意义的动作（注视）。显然，到了快满1周岁的时候，宝宝已经有足够的能力识别一个人的意图是指向哪一个对象。

当两个人（比如宝宝和母亲）一起将注意力放到同一个对象

上时，我们将它称为***三重注意或联合注意***。联合注意对于理解对象具有关键意义。在我们自己的实验框架中，我们想弄清楚宝宝是不是也能够利用这种能力来弄明白别人想要的是某种特定的东西，换句话说，宝宝是不是能够将他自己关于对象类别的知识与有关他人意向状态的提示的心理学知识结合起来。为此我和凯瑟琳·施莱彻（Kathrin Schleicher）做了以下实验：还是有一个人坐在宝宝对面。她前面左右两边有两样东西：一辆玩具车和一个玩具动物。然后这个人带着惊喜的面部表情望向其中一件东西，指着它说："我想要这个！"她抓住这件东西拿到自己怀里并说道（说话的时候始终看着这件东西）："这是我的啦！"这种场景到此结束。在接下来的熟悉回合里，重新开始重复刚才的场景，但是这个人前面放的是两件新的东西：一辆新玩具车和一个新的玩具动物。这个人将她的注意力还是放在刚才那个范畴的对象上（比如还是放在玩具动物身上），对它表现出同样的行为。按照这样的方式总共进行大约 10 轮的熟悉回合，每个回合展示的都是两样新的东西，这个人每次抓取的都是同一类型的对象（比如总是玩具动物）。在这个过程中，目标对象的位置发生多次变化，经常在这个人的左边或右边变动，导致这个人的目光、手所指的方向以及手移动的路径都发生变化。到了第 11 轮场景（测试）时只有一点与先前的不同：这个人现在把她的注意力放在另一类范畴的实验对象上了。

将近熟悉环节的末尾时，12 个月大的宝宝目光注视的时间减少了，但是到了最后一个场景时，他注视的时间又突然增加了。因此可以说对象范畴的变化绝对引起了宝宝的注意。但是问题是，为什么会这样？也许仅仅是因为总是同一类型的实验对象在动，处于实验场景的中心位置？我们在后续研究框架内观察到的结果否定了这一看法。后续研究的实验场景大大缩短，宝宝只看到这个人是如何高兴地朝其中一个实验对象望过去。在她开口说话或伸手去拿这个东西之前，场景定格为静止画面。在这种情况下，我们观察到了与先前同样的结果。宝宝为什么看得出始终是相同类型的东西引起这个人的兴趣，能够解释这一现象的既不是语言，也不是手抓东西的动作或实验对象位置的改变。这里唯一有用的信息是实验人员的目光行为。

尽管如此，还不能完全确定我们的研究结果是不是指向对意向性的理解。要确定这一点，我们还得证明，如果是一件明显没有意向性的事物来控制注意力，那么这种对注意力的控制对同一类型的对象是没有影响的。至于是否真的是这样，我们目前正与贝阿特·比德曼（Beate Biedermann）用其他实验进行研究。这个实验的主角是一盏台灯，这盏台灯位于两件实验对象后面中间的位置，它首先朝一件实验对象的方向转动，然后照到它的身上——物理学意义上的意思，而不是转义的心理学意义上的意思（译注：anstrahlen 一词既有“照耀”的意思，也有“喜气洋洋地注视”的意思）。如果宝宝真的运用了意向性的知识，在这种情况下就不会出现类别的影响，因为不存在具有意向性的东西。我们拭目以待。

4.4 关于行为角色的心理学知识

心理学知识不但是关于意图基于行为的知识，而且涉及更多方面。意图有很多种，我们可以通过各种不同的提示刺激来识别这些意图。在社会关系中，同时必定会出现有关行为角色的知识差异，在菲利普·罗查特的研究中已经提到了这种差异化过程的最初萌芽——9个月大的宝宝已经可以区分猎人和猎物。

我与贝波尔·舍普纳（Bärbel Schöppner）和贝亚特·索迪安一起在另一种情景下研究了宝宝早期关于行为角色的知识：我们关注的问题是，宝宝是否将“给”和“拿”的行为当作有目的的行为。在实验中，宝宝会看到两个布袋木偶分站在一个小舞台的左右两侧。其中一个木偶手里拿着花（木偶A），然后两个木偶相向而行。走到舞台中央时，木偶A将花递给木偶B，然后两个木偶又再回到各自原来的角落。宝宝反复观看这种场景之后，又让他们交替观看了两种测试场景：在第一种测试场景里，两个木偶所站的位置不变，但现在花是由木偶B转交到木偶A手上（角色转换）；在第二种测试场景里，两个木偶互换位置，但花依然在木偶A手上，跟先前一样由木偶A转交给木偶B（路径转换）。第二种测试场景从表面上看更新颖，但宝宝如果认识到这里在心理学层面发生了某些变化（给予者和接受者的身份发生了互换），那么他们应该觉得第一种测试场景更有趣。

事实上，相较于路径转换，12个月大的宝宝对角色转换更感兴趣。但如果传递花朵这一行为是在无目的的情况下进行的，实验结果便有所不同了。在这个实验中，两个木偶的行走路径还是跟刚才一样，花也是先在木偶A的手上，然后在木偶B的手上。而一个重要的区别在于，两个木偶在舞台中间相遇后，木偶A现在是意外地将花掉在地上，然后木偶B把它捡起来——这个传递过程是无意的。这一变化导致了宝宝不再对角色转换的测试场景流露出偏爱。哪怕将实验中的木偶换成房子，两栋房子相向而行，花换了“房主”，宝宝也没表现出对哪一种测试场景有明显的偏爱。从这些观察中，我们可以得出结论：**宝宝在接近 1 周岁时已经对意图有所了解，并认为只有生命体才具有意图。**

5. 从模仿到观察学习

在第二章中，我们已经说过***模仿和观察学习***。宝宝从三四个月起便开始有意识地模仿表情姿态。一旦宝宝的行为活动扩展到有目的地摆弄对象（大约从 6 个月开始），我们就会发现他在模仿使用工具或器物。为了使宝宝快到 1 周岁时能够频繁出现这样的行为，他必须仔细观察模仿对象的行为并将它存储在大脑里，然后将它转化（规划）为他自己的行为，最后将这些行为付诸实施。这个过程的每一步都可能存在困难，这或许可以解释为什么宝宝需要这么久的时间模仿比较复杂的行为。

大约 9 个月大的时候，宝宝开始意识到有不同的方式可以达到既定的目标。安德鲁·梅尔佐夫在稍微大一点的宝宝（14 个月大的宝宝）身上观察到以下行为：如果实验者向宝宝展示了如何用额头打开电灯开关，然后让他们自己去开灯，他们就会用手或者用额头去拨弄开关。换句话说，**他们认识到了行动的目的，然后选择相同的或者不同的途径去实现这一目的。**一旦理解了意图，“如何实现”根本不是最关键的。在一个最近发表在《自然》杂志上的后续研究中，吉尔吉·格戈里（György Gergely）发现，相较于将双手绑在背后不能用，如果所模仿的成人将双手空出来放在桌子上，那么年幼的宝宝更乐于去学他“用额头按压开关”。为什么会这样呢？

如果宝宝看到一个人如何采取一种不同寻常的方式来达成一个目标，而正常的方式（这里是指用自己的手按压开关）不可用（因为手被绑起来了），那么，这个人为什么要采取这种不同寻常的方式便存在一种合理的解释。宝宝可能会想：“我自己的双手是完全可以用的呀，我可以用一种不同于他做给我看的（更简单的）方式来达到同样的目标。”但是如果宝宝看到一个人在没有遇到困难的情况下用非正常的手段实现他的目标，他们也许会想，这个人之所以这样做而不是那样做，肯定有他的重要理由。在这种情况下，宝宝更倾向于模仿那些不同寻常的行为。

我能够在我的小女儿身上观察到一些与上述假设十分相符的现象：我们家的电视机放在一个离地面很近的柜子上。我经常站着用大脚趾开关电视机。我承认，这是一种完全不同寻常的开关电视机的方式，我的小女儿（当时有 3 岁）多次惊讶地看着我这样做。然后我观察到，她自己也试图像我这样打开电视机。尽管电视机的开关刚好就在她伸手可以摸到的高度，但她还是努力地将她短短的小腿尽量往上抬，以至于最后摔了个屁股蹲。显然她相信妈妈有她的理由用脚趾而不是用手去开关电视机，跟妈妈做一样的事情可能是值得的。

小结

宝宝早在1周岁时就已经能够清楚地区分那些展现出目标明确的行为的对象和那些没有展现出这种行为的对象。他们通过对象的行为（可能有所变化，但始终专注于同一目标的自发行为）及其外表特征（脸、皮肤、毛发、身体轮廓）识别出目的性。他们明白，行动的目标可以像针对整类对象一样以同样的方式针对特定的对象。他们逐渐学会评估各种行为方式（抓、指、看），把它们当作他人关注焦点的提示，并且学会与他人分享这一焦点。他们开始明白角色关系中各个生命体的行为。对于简单的动作，比如追逐与逃跑、给与拿，已经证明宝宝具有相应的知识。当宝宝观察他人的行为时，他们会去探究这个人以一种特殊的方式采取行动的原因，并在模仿时考虑到这些想法。

宝宝建构关于世界的知识可能从一开始就发生在特定的领域。他们很早便能够区分生命体和非生命体，区分数量和质量。这些区别构成了建构物理学、数学和心理学知识的出发点。物理学和心理学知识的发展追求的目标是能够有把握地预测宝宝在世界上遇到的事物的行为并识别其规律性，为此一个重要的前提条件便是思考因果关系的能力。由于心理学方面的原因（意图或感觉）对预测生命体的行为而言是很重要的，而这些东西在预测非生命体的行为方面并不重要，而且宝宝显然很早就学会了感知这些差异，所以毫不奇怪他们很早便能区分物理学和心理学的知识领域。建构数学知识的首要目的是能够判断数量，不仅包括连续数量，像沙子、液体或黏土等连续的数量，还包括非连续数量，像饼干、声音或任意物质单位的数量。

从各方面来看，可以确定的是，宝宝的思维发展并不是从零开始的。相反，宝宝已经具有可定义的信息处理基本结构，这些基本结构有助于他们逐步开发不同的知识领域。

6. 结论

本书主要研究宝宝出生后头一年的意识和行为。我最重要的目标是要明确指出，思考的能力并不是某一天突然出现的，它是成熟过程和不断增长的经验之间相当复杂的相互作用之结果。前面的章节向读者传达了一种感觉，即我们说的这种情况有多么复杂。希望这种观点能够引起更进一步的关注，并且促使大家明确拒绝对宝宝的精神可能性做笼统的陈述。这些笼统的陈述有的认为宝宝生来就是小天才，有的声称宝宝在前语言时期还不会真正地思考。事实上，1 周岁以下的宝宝完全具备复杂的思考能力，在他们满 1 周岁之前就已经在所有的重要领域都奠定了其知识进一步发展的基础。但是他们的感知和思维与成人的感知和思维有本质的不同，这非常值得我们去思考哪些机制能够最好地解释与年龄有关的变化。

考虑到我向大家展示过的个别认知能力的多样性，您可能会问，这些不同的观察结果是否能够整合成前语言时期智力发展的一种普遍模式呢？最后一章就要围绕这一问题展开。首先我想对让·皮亚杰的理论进行批判性的分析。此外，还会谈到更现代的一些理论，比如对核心知识的假设和领域特定的方法。接着我将从大脑研究的视角进行讨论，迄今为止还没有哪一个既定的模型考虑过这个视角。结尾部分我还将提出一些愿景：哪些问题仍是开放性问题？10 年或 20 年后，我们将对宝宝在第一年想些什么又有怎样的认知呢？在与宝宝的具体相处中，这些知识又将起到什么样的作用呢？

7. 对让·皮亚杰理论的批判性认知

皮亚杰的认知发展理论无疑是该领域迄今为止最具影响力的理论，尤其是因为它的提出者创造了一套清晰的概念框架，用来描述年龄所造成的变化，这套框架对外行来说也是很好理解的，但是我还是建议您不要故步自封，而是要“置身事外”地去评估皮亚杰理论的哪些元素得到了最新数据的支撑，以及还存在哪些不足。

7.1 是什么激发了发展

皮亚杰认为，与周围环境的相互作用的核心过程是***适应***、***同化***和***平衡***。宝宝要使自己适应环境条件***（适应）***，反过来又努力使环境适应他的思维和行动的可能性***（同化）***，这种观点无疑是正确的。他还认为在两个过程之间追求平衡***（平衡）***是思维发生变化的重要动机，这一点乍听起来也很有道理。

皮亚杰拿宝宝尝试将东西塞进嘴里从而使它们适应自己的吸吮图式当作 1 周岁以内宝宝的***同化***的典型案例。同时，***适应***的原则在这里也很清楚：当宝宝的嘴巴张得大还是小取决于他想塞到嘴巴里的东西的大小时，他就是在使自己的吸吮图式适应应用对象。对于这一行为的成功实施，两个子过程同等重要。有了许多类似情景中的经验，宝宝就适应并扩展了他们的运动图式。

皮亚杰认为，这些运动层面上的适应能力为以后的思考做好了准备。这样宝宝就会在快满 2 周岁时通过行动的不断内化获得***符号***

功能。这一功能使宝宝能够不依赖于感知来思考事物，并将对象或过程的精神再现与言语联系起来。至于皮亚杰如何具体设想宝宝1周岁前运动发展与认知发展之间的关系，我们尚不清楚。其实在***感觉-运动的智力阶段***仅仅存在感知和运动机能，认知的成就就是将各种感官形式联系起来（感觉-运动的协调）和获得简单的对象恒存性，也就是一种在直接感知之外对对象进行精神再现的能力。后者应该在宝宝快满1周岁时达到。

如果我们试着用同化、适应以及平衡的概念来解释对象恒存性的形成，那么是有困难的。到底是什么东西被同化到哪一种图式里？宝宝在多大程度上表现出适应行为？平衡过程体现在哪些方面？只有涉及年龄较大的、已经具有一种可沟通的世界图像的宝宝时，皮亚杰理论的3个核心概念才能在心智图式方面得到有意义的阐释。但是如果我们想要描述宝宝1周岁前的思维发展，这些概念框架是否真的有用，还必须做更深入的了解。遗憾的是，实际中我们几乎不可能说清楚宝宝是以哪一种心智图式作为出发点，他什么时候无法同化新的经验以及为什么，然后他又是如何适应其内心想法的。对于年龄较大的宝宝，我们可以询问他们的具体思维过程——对宝宝则不行。

无论如何，1周岁前的宝宝在精神层面似乎比皮亚杰所想象的要发展得更充分。他们不仅能感知，不仅在运动机能层面上学习，他们还表现出积极的认知活动，这些活动的形成和变化无法通过皮亚杰提出的概念得到充分的解释。

7.2 宝宝是其精神现实概念的设计师

皮亚杰认为宝宝是形成他们自己的现实概念的***设计师***，这一想法迄今为止具有重大的影响。不同于经验主义的传统，我们现在的出发点是认为宝宝不是简单的数据收集者，他们并不是一开始就不经过滤地感知周围的世界而且毫无组织地存储相应的经验，他们从一开始就对他们所体验到的东西进行了整理和组合，这也是我努力想要解释清楚的。在这个意义上，我完全同意皮亚杰的观点——他认为，宝宝在“建造”他们的现实概念。

这里有一个很好的例子就是分类：识别不同对象之间的共同性并形成一种原型，这意味着在脑海中形成某种新的东西，这个东西以感知体验为基础，在现实中却不一定非出现不可。很多实验使用到了屏幕，以便让宝宝对屏幕后面发生的事情产生预期，这些实验都表明，宝宝早在前语言时期就具有对现实的精神映像，从而能够模拟过程、解释情景，甚至解决问题。

但我们永远不要忘记，这种构建过程不是巫术，它们通常是自动发生的，因为我们的神经系统旨在并行处理不同抽象级别的信息，并且在各个信息单元之间建立联系。对于这一点，语言不是必需的，宝宝自己也不一定非要意识到这些处理过程。

7.3 感知、运动机能和思维发展

皮亚杰赋予宝宝 1 周岁前的感知和运动机能以特殊意义，于是提出了***感觉 - 运动智力***的概念。根据他的观点，一开始主要是***反射***，反射使得新生儿能够主动与其周围的世界发生关系。接下来，他们就有目的地重复并练习动作，我们把这称为***初级循环反应***和***次级循环反应***。最终从 1 周岁半开始，宝宝就能够将不同的行为图式组合在一起，并利用这些组合来实现目标***（三级循环反应）***。到 2 周岁时感觉 - 运动阶段其***符号功能***达到了巅峰。

我们现在已经知道，运动机能在大多数对宝宝认知的现代研究中只起到次级作用，而感知的重要性则得到了特别的强调。这也与数据获得的技术有一定的关系。皮亚杰当时还没有类似“习惯化 - 去习惯化”的范式或违背预期范式这样很精密的方法。他的认知基于对他自己宝宝直接的行为观察。这就有问题了——不仅仅是因为不能轻易地把这些个案推广到所有的宝宝身上，而且更重要的是因为如果只解释我们所自由观察到的宝宝的运动行为，那么宝宝的思维能力就很容易被低估。

皮亚杰关于感觉 - 运动发展的想法有两个重要的不足之处。一方面，他经常把运动能力（比如抓握行为、对对象用手进行探索）当作认知能力的表达，但他忘记了，1 周岁以内的宝宝的运动潜能可能远比智力受到更大的限制。另一方面，皮亚杰把思维看作内化的行动，从而使运动机能的发展成为智力的必要前提。但显而易见这是错误的。

一个生下来便没有手臂的宝宝也能像一个爬和走都很快的宝宝或者精细动作技能形成得很早的宝宝一样学习思考。身体的障碍和智力的发展并不一定是互相关联的，关键在于宝宝要能通过不同的感官渠道获取足够的信息，因为感知是认知发展的必要前提条件。包括空间视觉发展在内的很多研究都清楚地证明了感知有多重要。如果在大脑成熟的敏感阶段初级视觉皮层缺乏适当的刺激，那么对对象和空间的感知——这两者是对思维发展有深远影响的基本精神性能——可能长期会受到限制。声音识别或面部感知也是如此。通过所有这些情况，我们发现 1 周岁以内有一个时间窗口，在这个时间窗口里宝宝的大脑似乎需要特定的外部刺激才能正常发育。随着宝宝行动能力和灵敏程度的提高，感知随着行动范围的扩大而发生变化，身体发育对认知发展的影响主要是间接发生的。

但是我们也可以从另一个视角来看待运动机能的作用——不是把它解释为宝宝智力发展的前提条件，而是把它看作大脑成熟状态的一个重要指标。正如第二章所讲的那样，宝宝神经科医生会检查新生儿和宝宝的反射状况，因为某些运动机能的行为方式被视为神经元发育不良的早期指标，这种发育不良一定会对认知领域产生影响。

然而我们始终要记住，我们不能从这个结果反推出反向的结论也一定是成立的，即那些在运动机能方面表现得非常擅长的宝宝不会自动在智力上表现得很出色。宝宝小时候喜欢用手进行探索，并不能说明他以后会是个语言天才；几乎没有哪一位著名的足球前锋在智力层面也同样出类拔萃——原因很简单，因为掌握运动能力与更高级的智力表现之间并不存在因果关系。

如果有些科学家还是认为特殊的运动规划有助于促进智力发育，那么应该谨慎对待这些观点。也许您自己也听说过爬行对于宝宝很重要，因为通过爬行可以使他的数学思维得到促进之类的说法。这些观点通常是基于很一般的考虑。在任何情况下，爬行都需要左右脑信息的协调，因为身体左右两部分的运动在时间上必须互相配合。当宝宝爬行的时候，确实会增强左右脑***（胼胝体）***之间的生理学桥梁，这对宝宝来说可能会对其思维发展的某些过程产生积极影响，但这种联系仅仅是间接存在的。在日常生活中，左右脑之间的协调是通过多种方式得以训练的——即使在不爬的宝宝身上也是一样。就这方面而言，我们完全无须担心自己的宝宝是更喜欢匍匐前进还是行走，因为这绝不会因此而影响到宝宝未来成为数学家的可能性！总之，皮亚杰显然高估了运动机能对于宝宝智力发育的重要性。他认为宝宝通过减少自己的行动，减到最终用符号进行再现，从而就学会了思考，对于这个观点，我们今天必须带着质疑的态度去看待。或许存在着行为的内化和简化过程，但它们只是构建思维模式的多种可能性之一。宝宝的思维并不主要是通过自身的运动产生的，更多地是通过精确的感知和对相关信息的再加工产生的。在这一点上，现代的观点显然与皮亚杰的看法有区别。

思维发展的对象

皮亚杰几乎只对宝宝与周围物质环境的互动感兴趣，他几乎从未提到宝宝主要是和人打交道，在互动中学习这个事实。对他来说最重要的是对物体的研究。这样是否有意义——尤其当研究对象是宝宝 1 周岁以前的发展时——是值得商榷的。宝宝在这段时间非常依赖照顾他的人。只要宝宝还不会自行活动，成人就在很大程度上控制着宝宝会受到哪些刺激。此外，在满足基本需求方面宝宝还极其依赖他的主要看护人。很明显，宝宝需要利用他的智力来预测和理解他周围的社会环境。因此，皮亚杰几乎没有关心过这种在互动中学习的行为，而这必须在任何一种与宝宝早期相关的理论中占有重要地位。

迄今为止的认知方法和信息处理理论在这方面研究得还不够深入，也许是因为很难理解直接由社会互动造成的发展过程。皮亚杰把宝宝看成演员和设计师，而环境作为精神思考的对象主要扮演被动角色。这种观点极大地简化了对思维变化的分析，因为变化只发生在宝宝这一方身上。这样的方法原则上是合理的，但我们必须意识到，它将发展过程中的一大块领域排除在外了——与他人直接互动而触发的发展过程。

即使我们不要求理论上完整地理解在相互作用中动态发生的事，但是将自己的思想所指的对象主题化仍然是重要的。在皮亚杰对宝宝思维发展的描述中，他关注的焦点是宝宝与无生命的环境的互动。他想通过相关的例子阐明宝宝1周岁前认知变化的普遍原则，但是他忽视了这些变化完全有可能是特定领域的。

较新的方法

皮亚杰的工作对后续研究的价值再怎么高估也不为过。从来没有人像他那样通过大量有趣的观察结果鼓舞全世界的科学家提出新问题、寻找新答案。即使他的方法现在看来已经显得陈旧，但仍然构成了今天所讨论的一切重要的新观念的核心。

领域特定的方法

每个内容领域的知识和思考都按照自身的逻辑、以自己的速度发展，这要归功于对皮亚杰的精神发展阶段概念的批判性考察。如果我们想了解数学思维的发展，其他阶段也非常重要，并且我们需要一种不同于当我们想了解社会思维或心理思维发展时的描述方式。

对这种看法可能存在的一种反对意见认为，一切智力发展最终都可以追溯到相同的大脑基本生理过程，因此我们应该寻找统一的、跨领域的发展机制。尽管作为在不同内容领域获取知识的基础的神经过程并没有原则上的差异，但是所涉及信息的类型以及这种信息对行为的重要性也可能会完全不同。正如我们会把听和看当作完全不同的东西一样，虽然听觉数据和视觉数据是由我们大脑中相同种类的灰色细胞进行处理的，但是我们也会把身体思维和心理思维看作不同的东西。单个的感知方式或知识领域的区分主要是同参与的神经元之间如何互相关联有关。

对我来说，很重要的一点就是要弄清楚我们的思维是由不同的部分性能组成的，每一种部分性能都是按照它自己的节奏发展的。这既适用于基本的性能，比如对颜色和声音的感知，也适用于比较复杂的性能，比如对空间的感知或对因果关系的认知。

可以将宝宝头脑里发生的变化与一个大型建筑工地上的流程进行比较：很多地方在同时施工，总建筑群的某些部分只能在其他部件完成后才能动工或者接着做。任何人如果想了解整个建筑群各个部分的功能，必须首先关注个别区域。但是，如果想了解整栋建筑物，则必须保持一定距离，将注意力放在不同层面的各个元素之间的联系上。一种关于智力发展的新的全面理论应该同时考虑到这两种要求。

我认为我们目前处于一个主要是在收集数据并且针对各个内容领域描述发展具体意味着什么的研究阶段。普通认知发展理论的鼎盛时期已经过去了，这些理论并没有根据新获得的知识得到真正的证明。至于通过新的尝试来跨领域地解释智力的发展，其时机尚未成熟，可能还需要推迟一段时间。还是拿建筑工地来打比方：我们现在仍在忙着搞明白建筑物各个部分的增长情况。只有当我们看出各个单元之间是如何相互联系、互为基础的，才有可能看清楚总体规划。

核心知识假说

主张领域特定的观点并不一定意味着完全放弃寻求思想发展的一般规律。伊丽莎白·斯佩尔克用她的核心知识假说清楚地证明了这一点：无论我关注什么区域，我都可以问问，宝宝出生时，是否已经规划并打好了未来发展的所有基础。斯佩尔克认为，新生儿已具备在某些内容领域建立知识体系的基础。

支持核心知识假说的论点来自不同的方面。首先，数千年来，进化一直在改变着人类及其祖先的大脑，改善了我们的思维能力并优化了我们对环境的适应能力。因此，我们可以自然而然地认为，进化过程也会对更高级别的大脑功能产生影响。

此外，必须明确指出的是，只有在人们能够就其理论基础做出陈述时，才有可能认为在各个领域中进行早期认知学习的假设是合理的。当几周大的宝宝以特殊方式对生命体和非生命体做出反应时，什么已经存在了？如何解释在联运感知研究中，它们将节奏和音调的数量联系起来？这些问题很难回答，除非人们假定某些更高形式的处理方法很早就存在了。

那些认为宝宝不是像塔布拉那样出生而是在各个领域都具备核心知识的人被称为天赋论者，这并不意味着一切都锚定在基因中。毕竟，出生意味着一个新的开始，因为正如产前学习实验显示，大脑的发育早已开始。因此可以说，宝宝在出生时已经有了经验，适应了其环境。这样一来，从今天的角度看来，“天生的还是后天的？”这一争论已久的问题不再具有任何实际意义。同样地，“是遗传的还是经验相关的？”这一表述也是如此。只有在正确的时间进行正确的刺激，遗传程序才能运行。这适用于大脑生长以及其他发育过程。每一项发展始终是天资与环境相结合的结果。

使核心知识假说变得有趣的实际上是另外一件事，即关于是否存在在整个生命中保持不变且不会发生变化的脑力图式（广义上）的问题。如果你想使用计算机的隐喻，那么你可能会问控制我们信息处理的是硬件还是软件。换句话说，我们的大脑中是否存在根本无法改变或很难改变的结构。出生后大脑的整体解剖结构几乎没有变化，但这是否也适用于低一级的某些结构？如果是这样，所产生的处理过程有多具体？弄清楚这一点，将是未来研究的重要任务。

寻找一般发展机制

毫无疑问，宝宝在 0 ~ 1 周岁时，信息处理会发生重大变化。大部分能观察到的发展都可理解为两个互补过程的结果：区分和抽象。这些术语类似于皮亚吉特（Piaget）所说的同化和适应。这样一来，对各种不同的、可观察到的现象进行总结归纳成为可能。婴儿思维的不同内容领域的相应过程同时也得以证实。例如，想一想类别的建立：当宝宝对事物进行分类时，要么根据共同性（抽象）

将事物分组在一起，要么强调差异性（区分）。在 0 ~ 1 周岁时观察到的基本水平的转变可能可以这样解释，即在开始时抽象组成起主导作用，随后区分过程开始介入。但在后来的几年中，这两个过程也始终扮演着并行的角色。首先，意识水平会发生变化，从而某些抽象和分化活动也随之完成。小宝宝可能会形成一个抽象的“动物”类别，此时他们还不够敏锐，无法区分狗和猫，因为先天的感知机制向他们发出信号，表明所有动物都具有某些共同特征（如脸部），或者因为隐式学习过程使它能够在早期就特别注意某些特征（例如，让身体前进的身体部位）。大一点的宝宝可能会在不同的基础上形成同一“动物”类别。他们对动物可能特别有兴趣，因为他们可以与动物一起玩耍，照顾它们或者因为动物有后代。甚至以后，我们也许会从书本或学校课程中学到以生物学定义为出发点来进行区分。

抽象过程可能是早期概括，选择性关注有意义的特征或在各个级别进行广泛比较的结果。它们可以是无意识的或有意识的，自我形成的或受文化影响后天接受的。区分过程也是如此：当宝宝进行区分时，可能归因于自动感知过程，可能基于一次有意义的经验，或者也可能是对相似性进行多层次区分分析的结果。同样，区分活动可以在无意识和有意识的情况下进行。

可以使用类别形成作为例子来很好地说明抽象和区分这两个主要过程：物理学中，支持关系的知识直观和清楚地说明，宝宝首先应用相对通用的物理规则来预测对象的行为（例如，碰到其他物体的物体不会掉落）。然后，他们逐渐学会更仔细地观察并预测物体在何种情况下会掉落或者不会（例如，这取决于表面的大小，而不取决于物体的颜色）。换句话说，他们对支持关系的知识进行了区分。

数学思维领域的研究表明，宝宝首先对数字进行粗略的区分，然后通过有意识地对它们进行计数，从而学会充分区分很小的数量。同时，他们意识到为了确定事物的数量，可能有必要抽象数量信息 —— 例如，此时他们的面前有几块小饼干和一块大饼干（总面积更大）。

最后，社会领域的宝宝最初会向所有人开放，而在 6 ~ 12 个月，他们就会区分熟悉和不熟悉的人、宝宝和成人以及男人和女人，同时他们会建立“人”这个类别，将其与哺乳动物区分，这又是对应于抽象过程。最后一个例子清楚地表明了，抽象和区分这两个过程之间没有一个固定的顺序，而是在各个年龄阶段都发生，并且一直相互影响，这在一般的内容区域中都能观察到。

神经心理学的贡献

前文提到的术语具有一个重要的优势：它们可以有针对性地与神经处理和大脑发育的各个方面联系起来。区分过程与某些化合物的选择性增强过程相符——例如，通过形成另外的树突和突触，通过突触上的化学变化或通过其他化合物的降解。抽象活动则可以从神经学角度用完全不同的方式描述。在很小的宝宝中，它们可能是由于特定刺激引起的唤醒相对广泛传播的结果。这可能与中枢系统不成熟或缺乏感知经验有关。但是，抽象形成还有其他可能性：在我们的神经系统中，信息处理始终在几个层次上平行进行。对单个对象（如长颈鹿）的感知会激活某些属级别神经元集合，而对第二个对象（如鸟类）的感知则会激活其他神经元集合。两种激活模式之间可能存在重叠。如果宝宝及时看到不同的事物，其重复显露某些外部相似性，那么重叠的区域就会特别得到加强。在这一例子下，这可能意味着宝宝会隐式地学习到动物通常有脸和腿。激活属级别神经元集合的同时也能让高级别神经元集合得到刺激。这可以是体现物体之间的相似性的激活模式，但不一定必须指外观特征，还可以指因果和功能特性（例如，“可以自身移动”）。

学习总是同时在不同的层次上进行。只要区分过程尚未介入，隐式抽象就可能会相对频繁地发生。后来，宝宝通过先前经验，选择性地将其注意力集中到情景、事件或物体的某些特定方面，并因此重视特定特征，实现从有意识的思维过程到抽象形成的转变。这种抽象形成的建立也是区分能力的前提。

从发育神经生物学中我们知道，树突和突触的强化生长决定了神经元的连通程度，对大脑许多区域来说该阶段发生在 1 ~ 2 岁。通常认为，神经元结构的这种变化将对学习产生持久的影响。例如，当已知视觉皮层中的突触数量在上半年左右达到最大值，之后又再度减少了，那么我们可以假设某些区分过程直到神经元化合物再次分解之后才开始（即在下半年）。据推测，在大规模化合物分解开始之前的处理将更加无差异——这意味着早期的感知体验在本质上更加抽象。

尽管我们对于大脑不同区域的神经系统发展知之甚少，不足以在此基础上构建智力发展的一般理论，但至少能够验证针对性的个体假说。此外，现在已经可以得出一些基本性质的结论。

0 ~ 1 周岁时的大脑会发生部分巨大变化，这清楚地表明，在宝宝很小时，脑力变化过程就已经发挥了重要作用。大脑不会在真空中“成熟”，而是依赖刺激才有可能使这些变化发生。这尤其适用于神经元化合物的合成和分解。渐进的处理结构总是由以下因素相互作用产生的。

- 环境刺激。
- 相关神经系统结构的成熟度。
- 宝宝的个体处理机制。

扩展婴儿大脑成熟以及成熟过程经验相关性的知识，将为我们设计生物锚定的发育模型创造条件。必须明确的是，思维的发展在怀孕期就已经随着大脑的形成开始。

仅在 0 ~ 1 周岁时，视觉皮层就发生了如此多的事情，让我们在听到早期更高等级、本质上以视觉区分感知为前提的脑力活动时也不禁深思。一些研究人员很可能高估了宝宝的思维能力，因为他们迄今为止并未充分了解宝宝在其生命的最初几周中，到底可以实际感知和处理些什么。

20 年后宝宝研究将会达到一个什么阶段

如果我们在过去的 50 年中对宝宝的思维没有太多了解，那我可能永远不会写这本书。到目前为止，所提到的进步主要归功于新方法的发展，例如，吮吸法或目光偏好法、习惯化及消除习惯范式或其进阶版——违反期望范式。虽然最后一种方法尤其被各种专家批判，这一事实应提醒我们注意，但不能得出过早的结论，说它是一种无用的范式。与其他方法结合使用时，违反期望范式仍然是获取宝宝思维和解决问题证据的极为有用的工具。当然，通常也没有其他选择。

当前的宝宝认知研究的一个普遍困难是，几乎所有有关较高认知的研究都与视觉有关——仅仅是因为目光偏好法最适用于视觉刺激。但是，如果想对宝宝的大脑活动有一个更深层次的整体认知，我们将来必须更多地关注其他方式。如果我们在分析中更多地采用神经生物学方法，则最有可能实现这一目标。

我们已经很清楚，生理和神经生理学方法将在不久的将来发挥越来越重要的作用。在这里，可以客观地检测出大脑活动过程的指标，尤其是脑电波的测量可以非常及时地测量处理过程。即使目前世界上只有少数实验室进行针对宝宝的相应测量研究，但该领域的发现仍在稳步增长。另外，非侵入性成像技术正在逐渐获得应用。显然，即使在宝宝研究之前，通过影像学研究思维过程的总体趋势也不会停止。

从原则上讲，这种发展是值得欢迎的，因为在任何年龄阶段，大脑的变化都不会比生命的最初几年大，而且思维同时也从根本上发生了变化。有什么比在这两种类型的变化之间寻找联系更容易、自然的呢？也许 10 ~ 20 年后，能比现在更早地确定某些发展风险。通过及时的干预和训练，还能提高避免错误发展的概率，这对于我们的社会将是巨大的收获！

目前，进行相应研究的机会仍然非常有限。由于某些原因，关于健康宝宝大脑的微观解剖学的相关研究很少，因此，到目前为止，我们对信息处理中神经变化过程的知识仍很初级。成像技术尚未发展到足以检测网络结构中的细微变化。在宝宝的身上使用功能成像并不容易，因为宝宝在“管内”感觉不舒服，需要镇静药物才能坚持更长的时间。我们无法像在针对成人的研究中一样，为他们设置任何任务，因为他们还不了解指示说明。出于道德原因，只有在有医学方面的理由时才允许在研究中使用此类技术。因此，仍需要一段时间才能通过技术进步克服这些障碍，让我们可以在一个广泛确定的数据库上建立宝宝的大脑和思维过程之间的系统关系。但目前，我们朝着该方向进展顺利。

当然，只有大脑变化过程的最佳测量能和良好的行为数据联系起来时才有用。因此，对心理学家来说，未来几年最大的挑战之一就是开发新的行为分析范式和方法，并在行为层面上尽可能准确地描述思维的发展。尤其是新的实验规范的理念，可以得出思维过程的推论，使宝宝研究在智力上如此吸引人。我们的实验必须满足严格的标准，以证明它们在实践中的价值：实验任务必须简短，对宝宝来说很有趣并且不需要口头解释。此外，宝宝的行为表现应尽可能明确，因为对发现的每种可能的替代解释都需要进行额外的对照研究。

行为数据的收集方法也总是不断得到改进。特别是近年来，视频分析的可能性得到大幅度提高。例如，可以通过微观分析母子间的互动，从而得出关于母亲的灵敏性或两个人的反应偶然性的结论。今天，我们已经可以通过计算机辅助视频分析来测量测试对象的视线方向及凝视时间。全自动评估凝视行为很快就能实现。因此，甚有可能，我们将找到方法，未来更好地理解整个社会互动过程，从而考虑到把互动经验更好地在理论中得以体现的需求。总而言之，可以说宝宝研究正在持续发展中，我们可以期待在未来几年中获得真正令人兴奋的新认知。

但是，在所有有关未来研究前景的理论和实践考虑中，都不能忽略一件事：宝宝首先是最重要的奇妙小生命，我们必须谨慎对待和爱护他们。其次，我们应该将他们视为有趣的科学研究对象。这意味着，我们必须总是问自己，我们的研究真正能让宝宝受益多少。某些可能理论上有意义的问题应推迟到有不会给宝宝带来太多不适的方法之后再展开研究。

宝宝研究如何使父母受益

我在导言中强调过，这本书不能作为指导书目，也不包含任何规范标准表，去让父母比对，看自己的后代是否遵照年龄发展。那么父母在应对宝宝研究的新发现时，可以利用这本书做些什么呢？首先，它增强了父母的洞察力，使其意识到宝宝的世界观在 0 ~ 1 周岁时就已经有了相当具体的轮廓。宝宝出生时就是感性的生命——我希望我在文中证明了这一点——他们从出生起就对周围的环境做出积极的反应，他们需要一定的刺激，以便他们的思想得以发展，并在某些时候“适应”他们的某些成长阶段。

0 ~ 1 周岁是一切开始的起点——如何与他人交流，如何感知复杂的视觉和听觉刺激或者如何将事物分类。也正是这个时候，将决定我们一般是将我们的环境视为混乱和不可预测的，还是结构化和可控制的。此外，在与人和事物打交道时，宝宝会有自我效能感，或更确切地说无能为力的基本经验，父母以他们的教育态度对宝宝的初次经历做出了重要贡献。如果我们设法为宝宝提供一个稳定但又不太僵硬的框架，能做到跟宝宝相处时不让他们的需求完全服从于我们，敏锐地观察宝宝正在做些什么，那么就为宝宝的健康发展创造了至关重要的心理前提条件。